张钰莲

/ 著

我要坚持到所有人都放弃

SPM
南方出版传媒
广东人民出版社
·广州·

图书在版编目（CIP）数据

我要坚持到所有人都放弃/张钰莲著. —广州：广东人民出版社，2018.1

ISBN 978 - 7 -218 - 12347 - 9

Ⅰ．①我… Ⅱ．①张… Ⅲ．①儿童教育—家庭教育 Ⅳ．①G782

中国版本图书馆 CIP 数据核字（2017）第 286429 号

WO YAO JIAN CHI DAO SUO YOU REN DOU FANG QI

我要坚持到所有人都放弃

张钰莲 著

出 版 人：肖风华

责任编辑：赵世平
封面设计：金刚创意
责任技编：周 杰

出版发行：广东人民出版社
地　　址：广州市大沙头四马路 10 号（邮政编码：510102）
电　　话：(020) 83798714（总编室）
传　　真：(020) 83780199
网　　址：http：// www. gdpph. com
印　　刷：三河市兴国印务有限公司
开　　本：787mm×1092mm　1/16
印　　张：14.5　字　数：170 千
版　　次：2018 年 1 月第 1 版　2018 年 1 月第 1 次印刷
定　　价：39.80 元

前 言

    当每个人都怀揣希望和梦想走在人生的道路上时，我们或多或少都会受到生活中某些事情的影响，受到路途中某些坎坷的阻碍。但是有些人却在人生的道路上越走越远，有些人却在人生的道路上停滞不前。这是为什么？

    成功和失败总在一念之间，你若坚持，那便进步；你若放弃，那便失败。成功需要持之以恒的决心，唯有坚持才能灌溉出成功的花朵，唯有坚持才能收获丰盛的果实。生活中有很多干扰我们的因素，我们不能因为外界的干扰就选择放弃。亲爱的朋友，或许你是一个正在奋斗的青年，或许你是一个还在迷茫的青年，请相信生活，相信未来，你的坚持，将会带给你无尽的财富。

目 录
Contents

Part 1
掌握好生活航行的罗盘

Part 1

掌握好生活航行的罗盘

目标就是生活的罗盘

Chapter1 第一章

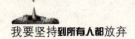

一、你想成为怎样的人

　　闲云悠悠，世间烟火，我们总在期许不一样的明天；怀揣着美好的愿景，我们奋斗在人生道路上，这是我们对自己美好未来的憧憬和期盼。有些人喜欢在自家小院里信步低吟，有些人喜欢在隔壁酒家畅谈人生，有些人喜欢在繁华都市享受喧哗。有的人低调地生活着，有的人高调地努力着，可岁月在我们心头留下的却是挥之不去的痕迹，终究有些遗憾再无法填平，有些过错再无法弥补。过去的总归是过去了，我们总会问自己，到底要成为一个什么样的人，才能让自己做到不后悔。成为一个什么样的人？这既是我们人生追求的目标，也是我们行为的指南。拿破仑曾说过，"不想当将军的士兵不是好士兵"，在他还是一个不起眼的小兵时，他心中就怀揣着远大理想，下定决心要做一个伟大的将军。他渴望有朝一日能带领

4

勇猛的军队征服敌人，正因为如此他才能不断地激励自己，才有了后来辉煌的成就。很多成功人士的事迹无不显示着这一特点，他们都在自己卑微的时候下定决心成为一个自己心中理想的人，他们依赖着这种信念不断地将期盼转化为现实，从而变得越来越接近自己心里想成为的人。

很多人都是浑浑噩噩地度过一生，他们发现无论自己如何努力都好像没有结果，他们对自己认识得太少，将现实夸大，终其一生都在虚度光阴。他们从未想过如何激励自己奋勇向前，也没有一种强烈的危机意识，他们的未来似乎可以望到尽头，好似快要燃尽的烛火，微弱的光芒不足以看清他生命原本的颜色。很多人可能觉得自己先天不足，从生命的开始就被他人远远地超越，将自己的碌碌无为归咎到他人身上。那么事实真的是这样吗？你当下的窘况真的是因为你不够聪明，生活的环境不如他人优越造成的么？

我认识一个在学校附件开商店的人，他长我一岁，儿时我们一起念书，一起上学。那时候我还是班里一个默默无闻的小矮子，大家都看不到我的存在，但是大家都注意到他。那时候流行乒乓球和羽毛球，我也十分喜欢。但是因为我的个子，大家都不愿意和我一起组队。他成绩好，人又聪明，会说话，是当时班级里数一数二的人物，小女生们的目光每次都聚焦到他身上。就是这样一个人，我以为他的前途必定是比我好的，可是我没有料到，这样一个优秀的人如今却依旧在家里守着那个商店。后来我路过那里，看见他正坐在椅子上玩电脑，闲聊几句后，心中却是有些沉重。他抱怨父母的不负责任，抱怨自己没能有好的条件，似乎他的生活就此结束，他的未来就此到达尽头。他选择不去奋斗，幻想他人会给他一个称心如意的未来。我能看到他的未来，似乎也是如此庸碌无为下去。

　　我们的人生还长，何必因为某些原因给自己套上一个枷锁。你要知道，我们体内的潜能是未知的，我们对自己还未足够了解，就像还未成熟的葡萄，怎么可以过早去评价味道是否甘甜？你能成为什么样的人和你想成为什么样的人有莫大的关系，思想的能动力量是巨大的，我们想成为什么样的人将在潜意识里促进我们不断奋斗，使我们自己努力地成为自己想成为的人。"胸怀大志"就是这个意思，倘若我们对自己想成为什么样的人不甚了解，那我们在作出重大抉择的时候就很容易出错，或许我们本可以做得更好，但却因为这样的"盲目"，从此踏入不同的人生道路。

　　我的老师曾经和我讲过这样一个例子。有一年冬天，快过年的时候，有一个女同学突然打电话央求老师为她补习功课。老师非常疑惑地问道："你高中不是学习文科么？怎么如今上了大学要学理科？"那个女同学见老师态度温和，立刻给老师吐苦水："老师，我也不想学理科，但是我父母想我去学医，我也没啥想法，于是大学就报了医学方面的院校。"老师又问："是因为跟不上课堂节奏才想到来补习的？可是大学医学方面的课程我也不会，没法给你补习呀！"那个女生在电话里突然沉默了片刻，吞吞吐吐这才告诉老师，原来她是连有关化学和生物课程的基础知识都不会，根本没办法跟上同学们的脚步，于是将希望寄托于从基础开始补起这件事上。听到这里我就很诧异，难道这个女同学就没有想过自己到底喜欢什么，到底想做什么吗？这件事给我留下很深的印象，我一直记得这个上了大学还去补习化学和生物课程的女同学，她耗费了几年的时光，去成就了父母的理想，其中滋味也只有她才知道。

　　当然生活中也有积极、正面的例子。古时有岳飞拜师学武，立志报国，最终练成岳家枪，变成抗金救国的爱国名将；美国总统克林顿年少时曾被肯尼迪总统接见过，从那以后他的心里便种下一颗希望的种子，梦想以后也能做一名优秀的总统；明代的于谦小时候就以文天祥为楷模，立志要做一名文天祥一样的好官。历史的车轮不断前行，多少名人追随着自己心头想象的样子不断奔跑，我们本身就是一个充满无限可能的塑造者，我们对于自己未来的希望引领着我们不断地去发现自我，完善自我，这种希望的巨大力量贯穿在我们的生命中，从始至终都给予我们向上的动力。

　　那么我们该怎样去确定自己想要成为的人？大多数年轻人对自己的未来是迷茫的，他们随波逐流地往前走，并不知道未来在哪里，自己又适合做什么。这种情况在我们周围很普遍，他们不知道自己的优势在哪里，不知道该如何去发掘。我们体内的潜力可能一辈子也不被发现，也可能忙忙碌碌到了中年才有所觉悟。很多人总抱怨生活给予得太少，却忽略了自己本身的无限可能。我们很容易被外界影响，被外界束缚，外界的纷乱让我们失去了原本的纯真，让我们偏离自我内心深处的愿望。或许，我们只需要静下心来，安静地和自己对话，扪心自问到底什么才是我们最想要的，什么才是我们最珍视的，什么才是我们在乎的。

　　东汉时期有名的将士班超，受到传统思想的影响，他从小刻苦念书，希望有朝一日能在政治上大展宏图，用自己的聪明才智辅佐皇帝。可是日复一日的抄书让他开始有些厌倦，有一天他发现自己整日埋头整理文件实在烦躁，多年的情绪一下喷涌而出，于是他扔下手中的笔，追随窦固出击北匈奴，从此踏上沙场，征战四方，成为了赫赫有名的将领。"从文还是从武"，这是古代男子都会思考的问题，但大多数人都认为"武"乃莽夫所为，班超虽然最初也被这种观念影响，但好在他后来遵循着自己的内心去追求梦想，所以才成就了一生伟业。

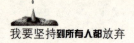

我曾经见过怀孕期间依旧坚持写作的作家，也见过刚动完手术就想着打拼的员工，他们都很努力，即使是在艰难的情况下也能做到始终坚持，这一点我很钦佩。"大衣哥"因为热爱唱歌，所以他即便是每日操劳农活，也不会忘记练习唱歌。成名前他的生活过得并不好，全家的收入仅靠他和他妻子两人打零工来维持，一年收入不到一万元。但他并没有就此放弃他想当歌唱家的梦想，反而越发坚持。可曾想过到了而立之年的人，还能凭借自己的努力实现自己的梦想，这是多么难能可贵的事呀！每个人心中的目标都不同，我们不必在乎别人的看法，坚持自己，按照自己的想法去走自己想走的路。世俗总是束缚着我们去聆听自己心底的声音，外界总会因为我们的过去而去批判、甚至否定我们，只有我们自己才知道自己是什么。我们应该以此来规划自己的下一步人生道路，或艰难或痛苦，只要心向往之，未来的我们必定就在那里安静地等着我们。

我还记得我第一次离开家乡的情形，那是我第一次因为自己的选择而踏上远离家乡的路。那时候的我懵懂无知，像只无头苍蝇一样到处乱撞。一个人在异乡的感觉并不好受，我如同一个孤独的灵魂，飘落在广袤的大地，连我自己也不知道自己的归宿在哪里。后来当我和别人谈起这段往事的时候，他们总以一种怜悯的眼光看着我，可我却不以为然，那段时光虽然孤独，但我却没有感到害怕。外界的眼光在强大的内心力量面前不值一提。当我一个人拖着沉重的行李来到一个陌生的城市，身边走过形形色色的人，我始终坚信我可以过得更好，我可以变成我想变成的那样坚强。我知道，如果我继续待在原地，就永远没有进步，我就永远没有机会成为我想成为的人。你想成为什么样的人？沉下心来问问自己，是安于现状还是努力去追随心的方向，不是命运是自我抉择。

　　马克·扎克伯格初中开始就对计算机编程产生了浓厚的兴趣，父母见他对编程如此狂热，于是在他上课之余给他聘请了编程老师教授他编程知识。那位编程老师在当地很有名气，在和马克·扎克伯格接触几次后，就对他称赞有加，公然表示马克·扎克伯格是他见过的最有天赋的学生。随着学习的深入，马克·扎克伯格希望自己有朝一日能成为一名伟大的编程师，能为大家做点什么，于是他开始开发沟通软件，尽管最开始的时候，他的程序被大学叫停，但他并不气馁。后来他又在一周之内创办了facebook，如此深度的开发，迎来了更加神速的传播，他编写的软件几周后便被大家所熟知，不少名人都注册了他的软件，这让他非常开心。马克·扎克伯格的理想带领着他一步一步走向成功，他知道自己想要什么，想成为什么样的人，所以他一直为之奋斗。

　　明朝著名的画家和文学家唐伯虎，自小就在绘画方面有着过人的天赋，从小立志做一名画家。于是他开始成年累月的努力，勤奋刻苦的他没有愧对老师的栽培，终于成为名扬天下的大家，实现了自己当初的梦想。或许我们没有唐伯虎一样的天分，但我们同样可以选择自己想要成为的人，志存高远，远大的目标推动着我们不断进步，鞭策着我们不断前行。我们选择做一个什么样的人决定我们以后走向什么样的生活，我们不要因为现实的困难而胆怯，不要因为生活中的挫折而选择放弃，纵使生活对我们总是很严苛，但我们也要努力去拥抱它。要知道你想成为什么样的人，你能成为什么样的人，都取决于你。

　　在思考自己想成为一个什么样的人时，应该看清自己的优缺点，看清自己才能认识自己。我们的生活中有很多实实在在的成功事例，他们都清楚地了解自己，懂得自己的长处和短处。所以我们需要认识自己，思考自

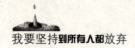
己到底想成为一个什么样的人。无论我们想做一个什么样的人都需要是独一无二的自己，我们不是任何人，我们只是自己。很多人觉得想成为什么样的人，就是单纯地模仿他人，可是这样并不能给我们带来本质的改变，哪怕那个人很成功，我们也需要发现自我。成功是不能复制的，是一种独一无二的创造。如果一个人总是偏离自我盲目去模仿他人，那他成为的也终究不过是他人的复制品，并不能给自己带来突破性的成功。我们发现如今很多影视明星并非都是一种类型，有的长相漂亮，有的长相纯真，有的身材魁梧，有的可爱迷人。每个明星都有自己独特的魅力，他们都拥有一些属于自己的特点。相反那些一直没有什么鲜明特点的明星，虽然他们也很努力，可惜仍旧难以被大众记住。那是因为他们从语言到气质，从内在到外在，或多或少都有别人的影子。一个身上有他人影子的人，如何能够让大众记住？每每看到这个人总是会想到那个影子的主人，多么让人沮丧的结果啊！有些人想做某个成功者的追随者，他们沿着成功者的轨迹，满怀希望也如同他人一样成功。可结果却是没有了自我，终究会在人生的道路上迷路。

世界因为不同而精彩，开辟自己的新道路，否则你将埋没在人群里，平庸地度过一生。有些人认为独特并非是件好事，"特立独行"只会被排挤。事实上，我们从一出生，就注定和他人是不一样的。我们可以模仿伟人的谈吐和举止，但却复制不了他们强大的内心。世上没有完全相同的两片树叶，我们成为的终究只能是自己——独一无二的自己。我们可以期盼和他人一样的成功，但却不是期盼和他人"一样"的成功。发现自己吧，不要害怕展现自我，用自己独特的魅力去征服未来，所以当我们在放飞梦想的时候，我们必须清楚自己到底想成为一个什么样的人，同时也要学会做自己，只有这样我们才能创造出属于自己的美好未来，才能做出让人仰望的成绩。

二、给生活定一个期许的目标

　　人生就是一部永不停歇的舞台剧，各行各业的人们在舞台的各个角落演绎着属于各自的悲欢离合。四时流转，万物总是抵不过时间的打磨，再多的酸甜苦辣也都在风雨的洗礼下淡漠了它原本的模样。随着时光的流逝，我们逐渐长大，我们学会了不叫疼，学会了不喊累，我们终究活成了大人们的样子，忍耐又压抑。昨日已是往事，我们走得越来越远，离自己也越来越远。在忙碌的生活中，我们挣扎在自我和现实的旋涡里，想要抽离却难以脱身。时代的发展越来越快，我们也走得越来越快，哪怕是在物质世界之外停留片刻，也是少之又少。有时候我们累了、倦了，总会忍不住问自己，生活难道真的要如此继续下去？我们到底是从什么时候开始失去了对自我的追求？是从什么时候开始失去了对事物本真的渴望？我们的希望到底在哪里？我们的未来到底又在何方？

　　大学快毕业的时候，我的一个朋友去了招聘会，希望能找一份适合她的工作。她看到一家公司给出的薪水还不错，于是上前询问，工作人员问她："请问您是哪个学校毕业的？就读于哪个专业？"我的朋友回答"××大学，××专业"。话刚落地，工作人员便含蓄地表示，他们不需要这方面的人才。准备离开的她，转头却发现另一家公司招聘信息上写的薪资待遇也不错，于是她扭头又去那家公司，可是没料到也被婉拒。那一上午她被拒绝了很多次，她垂头丧气地回来告诉我："这年头，越来越难找工作了！"我的另一个朋友听说这件事后，便来安慰她："应届生没有经验确实不容易找工作，但是如果你把你的标准放在工作内容上，而不是薪水待遇上，那工作便好找多了。"

　　我对她说的话很是赞同，我们做事必须有一个正确的目标，没有目标的行动就是盲目的"抓瞎"。只有那种思维清晰、目标明确的人才会看到属于自己的机遇。就如同我的那个朋友，她没有自己的目标，盲目追求薪水待遇，可是那份工作自己到底能不能胜任她一概不知，她只追求待遇回报，根本不清楚自己的目标是什么。这种盲目导致她屡屡碰壁，直到后来才有所改变。

　　人生需要有正确的目标，正确目标的设定决定着你要过一个怎么样的一生，它引领着你开辟航线，如此你的人生才不会有所偏差。人生的目标主导了我们一生的命运与成就，它是指示人生不断向前迈进的罗盘。若一个人心中没有一个明确的目标，就会虚耗精力与生命，即使拥有最强有力的斧头，最终仍是废铁一堆，发挥不了任何作用。相反，一个期许的目标可以让我们变得更好，它能带给我们无尽的正能量。

　　当今社会许多盲目追求金钱地位的人，他们没有一个确切的目标，他

们想要的只是金钱和地位，而成功并不是钱和地位能赋予的，成功是战胜自我，完善自我，让自己变得更优秀。许多人每天都被各种压力逼迫得喘不过气，房贷、车贷、孩子的教育，他们一直勤勤恳恳地工作着，每日起早贪黑，却总是游走在崩溃的边缘。脑子里充斥着：升职加薪、买车买房，我们被欲望和金钱的网牢牢包裹着，连喘息都不能。在他们心中的目标是痛苦压抑的代名词，而不是激励鞭策的动力。

《塔木德》上说："一位百发百中的神箭手，如果他漫无目标地乱射，也不能射中一只野兔。"一个期许的目标可以让人更容易成功，因为它更适合人的发展。爱因斯坦被誉为二十世纪最伟大的科学家，他之所以能够取得如此令人瞩目的成就，和他一生具有明确的奋斗目标是分不开的。年少时的爱因斯坦并未表现出过人的天资，但他却一直希望自己能够在科学领域发展，这在当时旁人的眼里是多么不可能的事呀！但他有自知之明，知道必须量力而行。首先他对自己进行了全面地自我分析，分析自己要实现梦想最有希望突破的点在哪里，确立目标后他在读大学时选择了物理学专业。正是由于他给自己制定了一个可能实现的目标，如此才将他个人潜能充分发挥出来，取得了前人未有的显著成就。由此可见确立目标的重要性。假如他当年把自己的目标确立在其他方面，恐怕就难于取得像在物理学上那么辉煌的成就。人生好比竞赛场，你选择了自己不擅长的运动项目，那么成功的几率会大大减少。

小张和小王都去一家机械制造公司面试，因为两人都是刚毕业的学生，经验也都差不多，所以两人一起被公司安排到了一处实习。很显然公司的目的就是为了区分他们谁的能力更强，好以此做出取舍。起初两人都很勤奋，表现都很好，但是越到后期，两人的差距就显现出来了。小张性格浮躁，看见什么都想去试一下，但又做什么事都耐不住性子。而小王却很清楚自己需要什么，他把自己觉得重要的东西都一一记下来，有空的时候就刻苦钻研。实习期满，小张什么都没学会，而小王却学会了很多技能。很明显，没有目标的小张被公司淘汰，目标明确的小王留了下来。

一个没有目标的人就像一艘没有舵的船，永远漂流不定，只会在茫茫大海中迷失方向。一个期许的目标给我们带来的是希望，是可能，是开启我们潜能的钥匙。斯宾塞·约翰逊常常引用《圣经》上的一段话："去追求吧，这样做了将有所获。去探索吧，这样做了将有所发现。凡追求者得，凡探索者获。"《侏罗纪公园》的导演斯皮尔伯格，在他 17 岁的时候，有一次到电影制片厂参观，之后他就偷偷立下了目标，要拍最好的电影。从那以后他便经常到制片厂观察学习，并以一个导演的要求来衡量自己，发现自己的不足。最终在 20 岁那年，他实现了当导演的梦想。但他的目标却远不止如此，他梦想着自己有朝一日能拍出让世人惊叹的电影。他的目标无时无刻不在激励着他，让他从未因为自己取得的成功而止步，最终在 36 岁时就成为世界上最成功的制片人，电影史十大卖座的影片中，他一个人就有四部。

目标使我们看清使命，没有目标的人肯定会一事无成。唐骏很认同外界给他定义的"打工皇帝"称号，他表示："中国有很多像我这样的打工的，但是我想说的是，我不是在为别人打工，是在为我自己打工。"他认为，作为一名职业经理人也是在创造自己的事业，所以在他工作期间，他从未丧失过学习的机会，他把工作当成提升自己的机会。在微软工作的时候他就抱着这样的信念（他在 2002 年的时候出任微软公司中国地区总裁）。在他眼里职业经理人也很有前景，他说，全中国 90% 以上的都是像他这样

的"打工"人，只要心中有自己既定的目标，并付出行动努力去实现，这个职业就能做得非常成功。

我们熟知的《西游记》的故事情节里也充分体现了目标的重要性。在保护唐僧去西天取经的路上，唐僧的三个徒弟即使个个神通广大，既能降妖，也能除魔，但是他们都没有唐僧重要。虽然我们大部分时间都看见沙僧挑着大家的行李，猪八戒牵着唐僧骑着的白龙马，孙悟空舞着金箍棒前面探路，好像确实没见过唐僧做过什么。大家肯定会想，唐僧这种人在现实生活中是不可能被重视的，可事实却不是这样。唐僧在师徒四人里充当的角色是一个领导者，因为他是整个方案的计划者，一个团队能不能持续发展和进步，不是光靠会做事的人就可以的。一个成功的团队，需要一个有明确目标的计划者，没有这个人，能力再高的队友也不能带动整个团队朝着正确的方向迈进。因为唐僧是他们队伍中唯一一个有明确目标的人，是他用他坚定的目标为一行人指明方向。倘若没有他这样一个人，那其余几人是根本到不了西天，取不了经书。

很多人并不知道，每一个目标的完成，都将给自己带来前进的动力。很少有人会去体会这种心理上的感受，这也是为何有成就的人经常对自己的人生进行分段规划。人生需要给自己一个完善细致的规划，我们可以为自己定下不同阶段的目标，这样既不会偏离自己的目标，也不会因为目标太过遥远而想要放弃。

有一位瘦和尚和一位胖和尚下山去化缘，瘦和尚看着胖和尚满身是肉，存心想嘲讽他，于是便要和胖和尚比赛谁先走下山。瘦和尚心想：我的耐力比胖子好得多，这场比赛我一定会赢。开始也确实如此，瘦和尚走得很快，渐渐和胖和尚拉开了好大的距离。瘦和尚见状心里越想越开心，筹划着怎么下山后嘲笑胖和尚。可是走着走着，头顶的太阳越来越烈，瘦和尚渐渐走不动了，他终于忍不住停下来歇息，可是随着时间的推移他歇息的次数越来越多，眼睁睁地看着胖和尚稳稳地赶上他，并逐渐超过了他。瘦和尚想加速，但终因坚持不住落在了胖和尚身后。最后，胖和尚先下了山，站在山脚下面安静地等着瘦和尚。瘦和尚心里又气又急，在极大好奇心的驱使下，瘦和尚向胖和尚打听秘诀。胖和尚说："你走路时总是三心二意，只是想着赶紧到山脚，可是下山这种事急不得，越急越慌，越慌就越乱。你别看我又胖又矮，走路都费劲，可是我心静，我知道山脚很远，所以给自己定了好多小目标，每一个小目标都会让我感到轻松和愉悦，然后借助那种力量又走向新目标，就这样我便一直保持稳定的速度，比你先到达山脚。"

所以当我们认为自己的目标很遥远时，切记不要心浮气躁，要沉下心来，按照计划一步一个脚印来。人生就是这样，一个让人感到没有希望的目的地，你就会被它的遥远和困难打败，以至于永远无法到达。我们的人生目标应该既是努力的依据，也是我们持续努力的动力。我们需要一个目标对自己进行完善，什么样的目标成就什么样的人生。世界上对自己现状不满意的人很多，他们抱怨社会，抱怨家人，抱怨朋友。但他们忘了，所有艰难的现状都只能靠自己去改变。他们对自己喜欢的世界没有一个清晰的画面，因此他们没有想要去追求的目标，也没有动力去改变自己的现状。在这种时候，对人生进行分段规划就非常有必要，长远的目标很难一步就完成，也容易给我们带来很大压力，所以我们可以先给自己定下一个值得我们期许的目标，让这种目标带给我们更多的动力和希望。

然而定下目标，也不是要我们去制定盲目的目标，我们需要的是符合

我们自身实际的目标，只有这样的目标才会让我们更加容易获得我们期望的成就感，更容易向成功靠近。

我曾经和友人去书店买书，从早上一直到中午，他都是稳稳地坐在那里，一动不动。最开始我看见他一直在看经济管理方面的书籍，可谁知他翻阅了好久，却放下了。我原本以为他会把那本他看了很久的书买回去，可他没有。转眼便看见他去旁边的书架上看成功学的书籍，我以为他又要买成功学方面的书，可是他也没有。之后他又拿心理学的书籍看了许久。我猜测着他到底要买哪本书，是成功学方面的书还是经济管理的书，可是万万没想到，接近中午的时候他却买了一本心理学方面的书，我不禁更疑惑了，于是上前询问。友人被我问得哈哈大笑，"我原本想从书里看出我为何最近业绩下降，可是我发现那本经济管理图书并不适合我。于是我又想通过成功学来解决迷惑，确实成功学解决了我部分迷惑，可是我发现成功学里提及的心理学更适合我，于是我便买了心理学这本书。"

只有买适合自己的，才能真正解决问题。就好比我们制定的目标，我们需要的是适合自己的目标，只有适合自己才能不被困扰，才不会走弯路。

圣经说："你定意要做何事，必然给你成就，亮光也必照耀你的路。"给生活定下一个期许的目标，让它带着我们去探索未来。清晰的目标是我们人生的指明灯，是我们起航的第一步。成功并不是盲目的，知道自己要做什么，要去哪里，才能知道怎么做。给自己一个期许的目标吧，这样的生活才更加有意义，这样的生命才更加有价值！

三、别急着大步往前走

　　生活就是一汪泉水，我们每个人是里面游走的鱼，我们游得越快生活给我们的阻力也越大，我们越是心急，生活给我们的限制也越多。走在人生道路上，很多事是不能着急的，越是着急越是找不到出路。普希金曾说："假如生活欺骗了你，不要悲伤，不要心急！抑郁的日子需要镇静；相信吧，快乐的日子将会来临。"中国有句古话"心急吃不了热豆腐"，也是这个意思。在漫长的人生道路上，总会遇到或大或小的困难，有的人总是避之不及，焦急得想要马上去攻克它，不料总是越急越乱，越乱越急。成功需要过程，克服困难需要过程，改变自我需要过程，揠苗助长并非良策，一步一步打下坚实的基础才是我们到达成功彼岸的基础。

　　不要着急，相信自己，煎熬的日子总会过去，我们的未来就在前方。很容易被困难打倒的不是我们的肉体，而是我们的精神。精神的力量是无

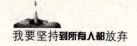

穷的，每一个成功人士体内都有一个坚强的灵魂，它支撑着他们一步一步走向成功，一点一点接近梦想。当我们在期盼成功的时候，必须坚定地相信自己，不管你渴望做什么，不管你渴望成为什么样的人，当我们坚定无比地相信自我的时候，成功就在脚下。欲速则不达，著名哲学家维特根斯坦说过，"我要贴在地面前行，不在云端跳舞"。

北宋史学家司马光为编撰我国最大的一部古代编年史——《资治通鉴》，每天天不亮就起床，一直编写到深夜。他没日没夜地潜心编写，不放过一个细节，不漏掉一个缺陷，定下初稿时就有六百多卷。但他并不因此而满足，他觉得自己还可以做得更好，还能做到更好，于是又没日没夜地反复琢磨文章的内容，终于在历经十九年沧桑岁月后问世，而且全书全部用工楷写成，没有写一个草字。这本流传至今，极具意义的史书记录了从战国至五代，共 1360 年的历史。倘若他没有脚踏实地的精神，没有足够的信心，这部规模空前的史诗巨著便不复存在。

有人说，考古学就是一门没有任何"前途"的学科，考古就是一门没有任何"钱途"的工作。可裴文中却不这样认为，他认为时代的进步离不开历史，因而没有像其他人那样投奔到时代的大潮流里，反而投身于考古这个行业。他舍下世间浮华，沉下心来锤炼自己。1928 年他参加北京周口店遗址的发掘工作，1929 年他在周口店发现了中国猿人第一个头盖骨。他长期在野外奔波，新婚时也只在家住了六天，孩子出世时仍在外考察。正是因为他的不懈努力和脚踏实地的研究，中国旧石器时代考古研究才会有重大发现和突破。

达·芬奇被现代学者称为"文艺复兴时期最完美的代表"，他最大的成是绘画，他的杰作《蒙娜丽莎》《最后的晚餐》《岩间圣母》等作品，都体现了他精湛的艺术造诣。但他的绘画功底却不是一蹴而就，而是经过长年累月的练习获得的。明朝的医药学家李时珍，从小体弱多病，但好读医书，特别喜欢有关药物的本草书。他在经过三次科举考试失败后，立志做一名救死扶伤的名医。有了这种信念的李时珍就不满足于从书本上认识药物，而是跟着父亲上山采药，从实地考察中了解草药生长的情况及疗效。他观察草药的外貌，记录草药的味道，对草药的生长期、采收期，以及如何炮制，都做了详细的记录。他一边行医一边采药，为了求得真实可靠的药物效果，他坚持走访病人。正是由于他这种脚踏实地的精神，才有了后来闻名世界的巨著《本草纲目》，该书前后一共花了二十七年时间，被李建元评论为"上自坟典、下至传奇，凡有相关，靡不收采，虽命医书，实该物理"。如今此书被翻译为韩、日、英、法、德等多种文字，闻名中外。

鲜花要盛开，需要我们播种、浇水，待到它生根发芽，长成一株完整的植物。然后我们等待着骄阳和雨露，让它缓缓绽放。如果我们想成就一件事，那我们就要等待，用辛劳去播种希望，用耐心去等待花开。不要着急，生活中该来的总会来，风雨总会停歇，艳阳不是凭空出现，夕阳不会瞬间消失。每个人的未来都在自己脚下，只要一步一步扎实地走过，梦想就在不远处等着我们。

不要着急，心中有梦，只要愿意开始，都不算晚。著名作家 J.K. 罗琳二十三岁前只是个学校老师，生活待她并不算太好，二十四岁之前结了婚，又离了婚，独自一人带着孩子住进小破屋，每月领着救济金。她渴望用自己手下的笔改变自己的生活，可惜总是受挫。后来在一次旅游途中，她突然有了灵感，偶然碰见的小巫师感觉很熟悉，她突然觉得自己好像在什么地方见过她。于是，一面之缘造就了她，她想将那个小巫师写进她的书里，

以魔法的世界为背景创作一部作品。这部作品是虚构的，她决定把自己多彩的想象力融入进去。万事开头难，尽管写作很辛苦，但她没有退缩，她不甘心领取救济金，她相信自己的能力。她在小阁楼里艰难地写作，寒来暑往一年又一年，她每天都坚持着，即使经历了再多的伤害和磨难，她也要实现梦想。几经挫折后小说终于完成，她把它寄给了好几家出版社，但没有一家出版社愿意接受。但她并没有就此放弃，她四处央求别人，希望有人能给她一个机会。终于机会来了，一家经营不善的小出版社答应出版这部小说；再后来，美国一个不出名的小制片人把它拍成了电影。谁也没有想到，就是这样一个机会，她的小说彻底改变了她的命运。

参加科举屡次不中的曾国藩，因为坚持，最终成为一代名臣。在陕西咸阳国棉八厂当工人的张艺谋，因为坚持，最终成为著名导演。多少名人不是在磨难中成长，在苦难中提升自己的？成功不能着急，唯有经历过苦难，才能真正品尝到成功的甘甜。磨难并不是决定我们成功的关键，不放弃才是我们胜利的核心，所以不要着急，守得云开，艳阳终究照耀在我们的脸上，温暖迷人。

生活中总能看到好多父母对自己的子女严要求、高标准，孩子小小年纪便被安排学习舞蹈、乐器，参加各种补习班，连假期都不曾休息，甚至比上学的时候还要辛苦。上午补习英语和语文，下午去学绘画和乐器，晚上回家还要写作业，一整天的时间都不曾好好休息，只是重复着学习。他们稚嫩的肩膀上肩负着父母沉重的期盼，幼小的他们还不曾体会过无忧无虑，父母总是不断催促他们进步，想要让他们早日在人生赛道上超越他人。可是那些望子成龙、望女成凤的家长们不知道，如此高压的生活到底会给孩子带来什么样的后果，他们尽自己最大的努力让孩子尽可能地学习，可是这样的举动是否能让一个孩子真正地成长？家长们也没有去探究。当然家长们的出发点是好的，但是如此做法无异于"揠苗助长"，一旦孩子因此出现逆反心理，那后果更是我们不愿意看到的。

其实如此高压紧张的氛围是父母对社会态度的一种反射，他们本身就活在一种焦虑的环境下，因为自身的原因和现实的限制实现不了理想，转而将希望投注到下一代身上，想要孩子通过自己的力量去改变命运，不像他们这般焦虑。可是这样高强度的学习对孩子的未来真的有好处么？我们可以发现很多成绩好的孩子步入社会后并不一定能过得好，他们的心态适应不了这个变化的社会，他们在思维上不成熟，这些问题和家长之前的教育息息相关。孩子的成长需要孩子经过漫长而又痛苦的蜕变才能完成，只有坚强的翅膀才能载着他们的梦想起航，反其道而行只会适得其反。

袁隆平在历时 9 年后，终于将优势水稻种配制成功。期间遇到的种种困难都没能让他退缩，他一步一个脚印，他坚信自己能够成功，他相信自己总有一天会改变百姓的生活。正是因为他的这种积极乐观和脚踏实地，才促成了他后来的成功。著名数学家华罗庚，被芝加哥科学技术博物馆列为当今世界 88 位数学伟人之一。他从小家境贫寒，初中毕业后就读于上海中华职业学校，因为家境贫寒，还未完成学业便辍学在家打理杂货铺。但他并未因此就中断学习，在打理杂货铺的五年里，他自学完成了高中和大学低年级的全部数学课程。正当他欲有所作为时，一场重病使他左腿落下终身残疾，但他丝毫未被困难打倒，更加坚定地要为科学事业奉献一生。即使身体有了残缺，但他也未曾心灰意冷，正是因为他的这种精神，才有了他后来的成就。如果当时袁隆平没有坚持，没有踏踏实实地做实验，就没有后来"世界杂交水稻之父"的美誉；如果当时华罗庚没有坚持，没有

坚持不懈地学习，他就不再是"中国现代数学之父"。

生命本就是一场旅行，我们每个人都是历史长河的过客，每个人都有自己的使命要去完成，每个人都有属于自己的一份目标清单。我们要有一颗积极乐观的心，相信每一次磨难都是命运之神对我们的考验。很多人对自己的未来感到焦虑，现实的压力让他们逐渐失去耐心，激烈的竞争让他们再难自在。这种压力本就是现实，也是我们都不可逃避的事实。各行各业都存在着激烈的竞争，我们仿佛置身一个巨大的怪圈里，压力无处不在，喘不过气的我们想要为自己寻求出路，想要让自己改变。焦虑的人们迫切又激进地想着如何改变现状，他们紧张的神经一刻也不得放松，总是不停地筹划着如何才能最快达到自己的目的，然而却总是失败。

曾经有一个爱抱怨的人垂头丧气地来问心理医生："我的未来似乎看不到希望，我是不是一辈子就这样了？"心理医生反问他："什么叫看不到希望？"他想了想，回答："就是感觉自己做什么事都做不好，觉得自己是个对社会没用的人。"心理医生说："那又是为何觉得自己什么都做不好？是别人说的，还是你觉得？"那人又想了想，说："两者都有。"心理医生点点头："那你有想过要改变什么吗？"那人点点头，却哭丧着脸说道："我想，但是发现总做不好。"心理医生于是让他举几个例子，最后让他给自己倒一杯茶，那人虽然疑惑但也照做了，可是一不小心将水洒到了桌子上。心理医生指着那桌上的水，语重心长地说："这洒在外面的水就是代表你浮躁的心，心越浮躁水越多，这也就是为何你总是得不到进步的原因。"

成功没有捷径，梦想没有捷径，不要着急，任何事都有一个发展的过程。当你开始心浮气躁的时候，你要记住生活具有两面性，当我们朝着积极的方面看时，生活对我们是微笑的；当我们朝着消极的方面看时，生活对我们是凶恶的。当我们积极地看待事物，沉稳地面对挑战，脚下的每一步似乎都变得更轻松、更从容、更坚定。前方的路还远，我们别着急，永远向上而脚踏实地，路还长，我们且一步一步来。

四、别乱了制定目标的分寸

　　中国有句古话："凡事预则立，不预则废。"意思是做任何事如果事先都制订了详细的计划，那么这件事往往能取得成功，否则就有可能失败。《三国演义》里"马谡大意失街亭"就曾描写过类似的事件，马谡到达街亭后，不按诸葛亮的指令依山傍水部署兵力，反倒骄傲轻敌，自作主张地想将大军部署在远离水源的街亭山上，自以为万事大吉，结果被魏军包围，切断水源，断绝粮道，马谡本人也被围困，街亭失守。

　　马谡原本是刘备重臣"白眉最良"马良的弟弟，因得到诸葛亮赏识，而被重用。而刘备却对此人未有好感，在他临终前特意叮嘱诸葛亮，告诫诸葛亮切莫重用马谡，但诸葛亮并未放在心上。马谡自以为受到诸葛亮的赏识便是能臣，心高气傲不听劝阻，打乱原本计划，因此导致了街亭失守。回到柳州后，马谡又想夺回街亭，但还是又失败了。失去了街亭，蜀魏两国的战争格局发生了巨大变化，蜀军失去进军陕西的最好时机，造成无法挽回的损失。试想一下如果马谡听人劝告，按照诸葛亮的命令行事，做好充分的计划和准备，那么街亭失守的可能性就大大降低。正是因为马谡一意孤行，自以为是，剑走偏锋不作准备，所以才让蜀国痛失一个要道。

我们做任何事都是这样，在行动之前都要做好下一步准备，好的计划可以让我们事半功倍，敷衍的计划只会让我们事倍功半。我们可以发现，每天有计划地工作八小时和每天无计划工作十小时相比而言，前者会更有效率。面临的事情越多，人的心理就会越慌乱，你会发现你在单独做某件事时比同时面对多件事时的反应力是不同的，单独做某件事时你会全身心投入，这样的状态是我们最喜欢的状态。而当你同时面对多件事的时候，大脑似乎就乱了方寸，不知何时该做何事，又该如何去做。我们每天都面临着不同的问题，我们不能因为这些问题而模糊计划，或者打乱计划。当我们只有目标，没有明确的计划时，往往会顾此失彼，或多费精力和时间。比如我们本打算去学绘画，但周围有人说学钢琴比较好，于是又去学钢琴，钢琴还没有学会，听别人说跳舞更时尚，于是又去学跳舞。如此反复，到头来没有学会一件事。

我很感激我的朋友们，在他们身上我学到了很多东西。比如我有一个朋友，她做事总是不紧不慢，很有条理，所以我很喜欢和她待在一起。她总是将事情安排得妥妥当当，这让我很佩服。后来我就问她怎么做到的，她回答说："做事要分缓急，要分轻重。"我觉得这对于年轻人很受用，很多年轻人并不知道什么事情重要，什么事情不重要，整天虽然都在忙碌，但却一点效果也没有。

这里涉及的"二八定律"，又称为帕累托定律，是意大利经济学家帕

累托提出的。他认为，在任何特定的群体中，重要的事件只占 20%，而不重要的却有 80%，尽管占多数，这些都是次要的。在职场中，我们通常发现一些人用 80% 的精力去做只会取得 20% 成效的事。从这里我们可以懂得，做事情应分清主次、轻重、前后，只有做到这样才能使效率提高，才能创造出好的成绩。

托克在广告公司上班，最近他接到客户的投诉，这让他很头疼。领导也批评了他好几次，说再干不好就辞职。他很焦急，心里满是委屈，可是那又能怎么样，他都耗费整天的精力去修改方案，可是对方还是不满意。他开始后悔进入这一行，每晚加班到凌晨，可以说公司里没有几个人有他那么努力。可是为何他的付出没有得到相应的回报？他很沮丧，忍不住猜测自己是不是不适合这个行业。

很多人都有这样的想法，认为付出多少就会得到多少回报。其实，只讲究付出的量是不够的，还要选对努力的方向，重视效率，这样才有更多的收获。我们只有抓住事情的关键部分，才能高效地工作。"二八定律"告诉我们："少量的时间投入可以收获较大的收益，只要你懂得在琐事、次要的事情上如何分配时间，懂得抓事物的主次顺序，善于解决关键问题，把工作做好并不是难事。"所以我们在工作中，要想高效地创造价值，要想更有效地做好一件事情，将一件事情做完善，就需要懂得合理分配时间，我们一定要学会抓重点、抓关键。

丁磊说自己在创办网易的初期，一直觉得自己创业并不是很苦，哪怕是在事业瓶颈期，他也没有觉得难熬过。每一天他都在为自己的目标努力，从创业开始到现在，跌跌撞撞总算走出一条路来。自学完计算机编程，他便从国企辞职去广州创业，那时候广州创业浪潮越来越大，很多年轻人都在努力,这让他很受启发。丁磊和他的朋友一起注册了网易公司,从那天起,他的创业生涯便拉开了帷幕。接下来他们很有规划,首先要让网易这个新公司进入群众的视线,于是他们开始做个人免费主页,这个计划受到了很多人喜欢,于是那一年他们的网站被评为年度最佳网站第一名。

后来他们又靠着帮别人写软件赚钱,原本以为并没有什么优势的他们被投资商看重,就这样,他们发展了一年多,开始融资上市。可是上市后世界经济越发衰退,丁磊决定,开始转型,将其他的事都先放一边,公司最主要的任务就是转型。于是网易自己开发游戏,开通短信业务。丁磊从一开始自学编程到辞职,再到创业,最后到公司转型,每一步他都很谨慎,每一步都是他人生重要的转折点。他虽然也没想到自己能在这么短的时间里实现自己的目标,但他确实做到了,每一步计划他都完成了,而且很完美。

所以为完成某个目标,合理的计划是很有必要的。成功的人有了目标后,通常会为实现目标制订周密、详细的计划,他们分清事情的主次、轻重、缓急,清楚先应该怎样做,后怎样做,遇到问题怎样解决;而失败的人有了目标,就不会考虑这些,盲目的他们很多时候是抓住芝麻,丢了西瓜,耽误了时间,浪费了钱财。我们在实现目标的过程中需要采取恰当的方法,就像比赛一样,我们的目标是赢得比赛,取得胜利,但是如何才能打败对手,实现这个目标,需要根据双方的情况做一个比较,然后再进行谋划,做一个细致的规划。

学校里很多同学学习成绩难以提高,究其原因,大多是因为方法不对。他们每天熬夜学习,起得早睡得晚,但每次成绩都差强人意。相反那些成绩好的同学就不这样,他们每天作息有规律,知道自己该做什么,专注而又富有技巧,不为外界条件影响,这样的同学学习效率高,也不会很辛苦。

智者善于计划，他们能把主次分清，把急缓分清，而愚者却相反，遇到问题总是胡乱忙碌，长此以往，失败便也不远了。

古人言："不谋全局者，不足与谋一域；不谋万世者，不足与谋一时。"人的一生，必然需要一个长远的计划才能达成目标，但很多时候长远的计划需要我们细化，分成某个阶段的计划。因此，成功的目标，应该是一个完整的行动计划，我们在实践的时候需要有条不紊地去执行目标领导下的不同计划，这里的不同计划都是我们目标的分解，每个小目标最终都将促成我们实现自我。

1984 年，在东京国际马拉松邀请赛中，名不见经传的日本选手山本出人意料夺得了世界冠军。这种事件并不多见，每个运动员在平时的训练成绩基本和比赛成绩差距不多，像他这种情况实属"出人意料"。运动比赛不像考试，考试可以凭借运气，考出不错的成绩，但是运动比赛是一个人体力的比赛，很少有人会在比赛时爆发，突破体力的极限。当时没有人知道他为何能赢得比赛，直到十年后，这个谜底才被他自己解开。山本在他的《自传》中是这么写的："每次比赛之前，我会把把沿途比较醒目的标牌记下，比赛开始后，我就以跑百米的速度，奋力地向第一个目标冲去，过第一个目标后，我又以同样的速度向第二个目标冲去。"

山本就是用这种方法赢得成功，或许那个长远的目标他并不能完全实现，但是他选择将大目标分解为多个易于达到的小目标，小目标很容易实现，这样他就忘却了那漫长的赛道，并使他一直保持平和的心态。这种方法一直推动他坚持到最后并赢得比赛。其实我们也有过类似的感受，面对遥远的梦想，我们有时也会望而却步，觉得自己没办法做到。但事实真是这样吗？其实不是，古今中外的名人都是因为专注于自己脚下，踏实地实现一个又一个小目标，经过长久的积累后才终于实现了梦想。登高望远需要勇敢攀登，乘风破浪需要勇于实践，相信自己，朝着预定的目标前行吧！

杨澜从小是一个懂得规划自己的人，小到规划自己的零花钱，大到规划自己的学业。生活里的事她都安排得井井有条，从来都不让父母操心。这造就了她独立而又自信的品格。她一直都知道自己想要什么。她在担任《正大综艺》的节目主持人后，因为其优秀的表现，荣获"金话筒奖"。但她却在如此好的发展期选择赴美深造。这是她的选择，她知道自己的终点并不在那里，她还要继续启程。

有句俗语说得好："平时做事无计划，急时做事无头绪。"养成做事有规划的习惯，对我们大有裨益。正因为杨澜做事有规划，所以她敢于抉择，敢于面对挑战。做事有计划，做人才有条理，将优秀变成习惯，这力量不可小觑，我们长期的固定思维和行为都影响着我们的未来。将制订计划作为一种习惯，无异于离成功更近。

戴尔·麦康基曾说过："计划的制定比计划本身更为重要。"有个名叫约翰·戈达德的美国人，当他十五岁的时候，按照自己一生要做的事情列了一份"生命清单"。这份清单在美国广为流传，很多人都佩服他的意志。几乎没有人会给自己制订这么详细的清单，在这份排列有序的清单中，他给自己制订了127个具体目标。比如攀登喜马拉雅山、读完莎士比亚的著作、写一本书等。终于在44年后，他以超人的毅力和非凡的勇气，按计划实现了106个目标，成为一名卓有成就的电影制片人、作家和演说家。为了实现每一个计划，他从生活中的小事做起，按照自己的要求，一点一滴地去实现自己的梦想。

当然做人做事也得有分寸，我们可以认为是掌握"度"。"度"是事

物质与量的限制，量变将导致质变，当我们掌握好这个"度"，生活才能在预定的轨道上进行。"可以仕则仕，可以止则止，可以久则久，可以速则速。"一个人的目标，只有觉得可行的时候才能举步向前，不能一味为了某一样东西而盲目追求。急躁和近利都会打破这个"度"，我们需要理智清醒地把握自己，了解自身现状，根据实际情况来制订计划，长此以往，才有大的突破。

约翰是个在校大学生，他一直想增加自己的实践能力，于是他开始借助闲暇时间去做兼职。原本是件很值得提倡的事，可却被老师批评了一通。为什么呢？约翰也很委屈，他找的兼职工作每周至少需要上三天班，可是他每周却只有三天是有空的。于是他就想着逃课，上半年老师并未留意这个问题，直至期末检测老师才发现约翰居然什么都不会。一问原因，居然是花时间去做兼职了。老师很生气，约翰也很苦恼。现在公司那边又要求他加班，学校这边又要求每日上课必到，他急得都抓耳挠腮，可是到头来什么办法也没有。约翰的问题就在于需要掌握事情的"度"，兼职也好学习也罢，都不能偏废，需要根据实际情况去做出调整，而不是盲目没有规划。

可见学会正确地做计划是件很重要的事，关乎我们奋斗的方向，好的计划可以让我们事半功倍。学会规划，养成规划的习惯，这是我们走向成功最便捷的路。

梦想是撬起希望的支点

Chapter2 第二章

一、唯有梦想会开花

　　杜鲁门·卡波特说："梦是心灵的思想，是我们的秘密真情。生命因为梦想而绚丽，人生因为梦想而多彩。"梦想是灯，照亮我们的心房；梦想是火，燃烧我们的激情；梦想是水，滋润我们渴望的灵魂；梦想是太阳，温暖我们孤独的身影。梦想给人带来希望和动力。梦想是对未来的一种期盼，它既指未来能实现的事，也指未来想达到的目标。梦想有时遥不可及，但它却是我们心中最美妙的愿望。梦想是自我意识里的追求，是我们动力的源泉。

　　一百多年前，美国有对兄弟以放羊为生。有一天，他们赶着羊来到一个山坡上，听见头顶传来一阵叫声，抬头望去发现一群大雁正从他们头顶飞过，正是这群大雁在他们的心间撒下梦想的种子，一直支撑着俩兄弟努力前进。俩兄弟一直记得当时看见大雁的情景，那些大雁整齐地排列成一队，看起来悠闲自在极了。多年以后回想起往事的他们无不感叹，正是那群大雁，才给了他们灵感。

当年俩兄弟看到大雁，想学习大雁如何飞翔，可是并未成功。他们的父亲也没有因为儿子天真的想法而置之不理，反倒是鼓励他们。两个儿子听了父亲的鼓励很是开心，于是张开双臂又试了试，还是没能飞起来。他们用怀疑的眼神看着父亲，他们的父亲说："你们还小，只要不断努力，将来就一定能飞起来。" 兄弟俩牢牢记住了父亲的话，他们坚信自己能实现梦想，并一直努力着。果然等他们长大，在哥哥三十六岁、弟弟三十二岁时，他们终于制造出了一种可以飞行的机器：飞机。这两个人就是美国著名的飞机发明家莱特兄弟。

梦想的力量是伟大的，它让我们变得坚强，给予我们永不妥协的勇气。我们的梦想如同一粒种子，当它生根发芽时，它就开始朝着阳光去生长。纵使它还只是一粒种子，可它却满怀激情，它不惧怕未来的狂风暴雨，也不害怕土壤上的荆棘杂草。它倔强而又坚强，即使脆弱得不堪一击，也愿意在暴风雨的洗礼下重生，如凤凰涅槃一般，让风浪来得更猛烈些吧！每一粒种子都会发芽，每一个梦想都会花。当世人惊叹于高尔基没有被残酷的生活压倒时，高尔基却淡然地说："生活越艰难，我越感到自己更坚强，甚而也更聪明。"只要我们拥有自己美丽的梦想，我们的内心就会变得更加坚强，即使身处逆境我们也毫不畏惧。

张海迪5岁的时候，因患脊髓血管瘤造成高位截瘫，但她身残志坚，勤奋领悟，热心助人，被誉为"当代保尔"。面对自己缺陷的身体，她并没有沉溺在无尽的沮丧中，她了解自己的身体，但她不甘心。命运纵使残酷但她却感恩自己心怀梦想，是梦想点燃了她心头的热血，是梦想照亮了

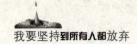

她灰暗的人生。她决定坚强地面对，虽然她也想过要逃避，可是梦想给了她勇气去面对，为什么不拼一把呢？没有机会进入校园的她开始自学，她想哪怕生命只剩下最后一秒，只要是为了梦想，纵使失败也不留遗憾。1983年张海迪开始从事文学创作，先后翻译了一百多万字的作品，现为山东省作家协会文学创作室一级作家。

邰丽华，一位勤奋敬业、从不言弃的著名残疾人舞蹈家。邰丽华两岁时，因一次高烧失去了听力和嗓音。那以后，她陷入了无声世界。为此，父亲带她辗转武汉、上海、北京等地求医问药，却丝毫没有转机。无可奈何的父母在她7岁的时候，将她送入市聋哑学校学习。本以为人生就此跌入低谷的父母没有料到，邰丽华在学校里对舞蹈非常感兴趣。舞蹈让她品尝到无穷的欢乐，于是她加倍努力学习舞蹈，从不放松懈怠。直至今日，邰丽华已然成为中国残疾人艺术团里的演员队长，出任中国特殊艺术协会副主席，同时也是中国残疾人艺术团的"形象大使"。

邰丽华一路走来，经历过绝望，经历过痛苦，但她没有放弃。从刚开始在意他人的目光到后来自信地绽放，是梦想给了她勇气，是梦想带给她力量。从不幸的深渊到艺术的巅峰，她的经历本身就是一场奇迹，她用舞蹈跳出了生命的活力，载起梦想的船帆。她感动着中国，感动着世界。

我们微若尘埃，是梦想让我们闪亮，是梦想让我们飞翔。或许我们在追梦途中会遇到困难，或许我们在追梦过程中会遭到嘲笑，生活的苦难可能远不只这些，但通往梦想的道路上本就坎坷曲折，在为梦想而奋斗时难免会迷茫，失去方向。这种时刻，就应该多给自己一些自信。不再彷徨，不再迷茫，看清前方的道路，坚持着梦想并一直努力的人，终能绽放出令人钦佩的光彩。努力追逐梦想，我们会真正佩服自己。花有再开的时候，

Part1
掌握好生活航行的罗盘

人无重来的机会。心中有梦，便去追逐，做一粒坚强的种子，在风暴中成长，长成一株花朵，在烈阳下绽放。

范仲淹"划粥割齑"，刻苦钻研，终于成为有名的文学家和政治家；海伦·凯勒双目失明、两耳失聪，却努力从一个让人同情、默默无闻的小女孩变成让全世界尊敬的女强人。每个人都是特别的存在，平凡的我们带着梦想，终会有不平凡的未来。英国著名作家狄更斯，少年时因家庭生活窘迫，只能断断续续入校求学，后被迫到工场当童工。年少时饱尝苦楚的他很喜欢文学，社会的弊端和人性的黑暗让他萌生写作的意愿。下定决心要写作的狄更斯决定从生活中寻找灵感。他很注意观察生活，不管刮风下雨，每天都坚持到街头去观察、记录行人的行为举止，积累了丰富的生活资料。正是因为这样的经历让他成为英国一代文豪，取得了他文学事业上的巨大成功。

梦想没有限制，没有要求，没有晚来的梦想，只有迟来的行动。或许我们被生活打磨得失去棱角，失去了生活的方向，但只要有梦想从来都不会晚。假如你心怀梦想那便去追逐，假如你已迷失方向，那便去寻梦。彻骨寒来赏梅香，冷冽风下品秋菊。不同的人有不同的使命，不要因为你和他人的不同而感到沮丧和担忧，属于你的花朵还未绽放，用心去追寻吧，这样的过程也是美妙的。

王小丫下岗后，在生活和环境的双重压力下，毅然决定重新学习，选择充实自己。即便性格内向，她也选择改变自己，用自己的努力来实现自己的梦想。1998年，《经济半小时》栏目需要新的主持人，她决定去参加考试。尽管不是科班出身，经历过下岗，可她毫不在意。她出色地从众多参选人中脱颖而出。后来她又坚持在《开心辞典》里当黄安的助理，当时

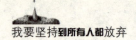

很多人都不理解她，因为她那时已经很有名气了。可是她却觉得很正常，在她眼里，任何一个学习机会都难能可贵。经过不懈努力，她最终凭借自己独特的主持风格，代替黄安成为《开心辞典》的主持人。也正是因为她的努力，她成为一代央视"名嘴"。

北宋文学家苏洵与其子苏轼、苏辙以文学著称于世，世称"三苏"，均被列入"唐宋八大家"。然而苏洵年少时不喜读书，四处游玩，其父"纵而不问"，直至二十五岁也没能开始认真念书。他懒散自满，认为念书没什么用处，直至第一次应乡试举人落榜，才有所悔意。当他真正开始念书时已是二十七岁，他决意将《论语》《孟子》、韩愈的文章从头再读，从基础开始学起。他每日端坐在书斋里，苦读六七年，并发誓学问未成前，不写任何文章。待到他学问已成，又悉心教导自己的两个儿子，"三苏"也因此诞生，留给世人宝贵的文学财富。苏洵因为心中有梦，即便是在他人完全不理解的情况下，依旧埋头苦读。他并没有觉得开始得太晚而放弃梦想，反而一直坚持。倘若他当时放弃了，那么这世间再无"三苏"，其整个家庭的命运也都将全然不同。

十六岁的陈欧在南洋理工大学念书的时候，仅靠一本笔记本，创办了在线对战游戏平台"GGgame"，短时间内吸引了大量的游戏玩家。但在游戏平台发展不错时，陈欧却卖掉公司，去斯坦福大学留学，在那里他遇到了他的第二个创业伙伴。毕业后的陈欧又开始了第二次创业，没有人看到他为之付出多少，但是他用事实证明他的坚持是正确的。2014年，陈欧的聚美优品上市，很多开始瞧不起他的人都不再发声，他用行动实现了理想。无需任何反驳的话语，事实就是最好的措辞。

梦想是沙漠中的绿洲，它给绝望带来生机；梦想是高山上的流水，它给沉寂的大自然带来激情。心怀梦想，就算是卑若微尘，也会有让人惊艳的崛起。梦想是深藏在人们心灵深处最强烈的渴望。因为梦想，雄鹰最终展翅高飞；因为梦想，小溪汇成了大海；因为梦想，花朵绽放出缤纷色彩；因为梦想，树苗拉长了它命运的高度。让我们构筑梦想吧，无论梦想是大是小，是远是近，是早是晚，我们始终要坚信，梦想是树，终会长成参天大树，梦想是花，终会绽放绚丽。坚持梦想，去追求我们的无限可能吧！

二、放弃那些"小事"

大家是否还记得生活中自己放弃的事？去公园散步？开始调整饮食计划减肥？放弃这个工作？放弃的事可大可小，相信很多人都有这样的经历，每当我们沉溺某事的时候，会将脑海中原本计划要做的事忘得一干二净，或者说对将要做的事总是一拖再拖。这种情形在没有自控力的小孩子身上最为常见，他们往往玩乐得忘记完成作业，倘若没有家长和老师的管束，他们极可能就放弃写作业。

这种轻易放弃虽然在孩子长大后得到很大的改善，但却又有了新的问题。长大后的他们极易因为某方面的困难而放弃自己准备做的事，或者正在做的事。他们意志不坚定，相比成年人更容易冲动。相比之下，成年人就没那么容易放弃决定要做的事，因为他们懂得放弃意味着"成本"。放弃一段婚姻，他们需要付出金钱和感情；放弃一桩生意，他们需要付出相应的赔偿。所以对成熟的人而言，放弃并不是上策。很多人可能不明白自己为何总是失败，无论是工作还是生活，他们很疑惑却始终没有答案。苦恼了半日无果，于是转眼抛却这个问题，继续按照自己的想法回到工作中和生活中。

我有个朋友的父亲，为人宽厚老实，喜欢钻研，能吃苦。可是无论他做什么工作都失败，为此他苦恼不已，虽然家人也没有对他过多责怪，可是他时常陷入深深的自责，周围的人对他也很是同情。有人安慰道："可能是你这几年运气差，等这个霉运过去了也就好了。"期初他不是很相信，可越到最后他越信以为真。他将自己的失败归结为运势不好，而不去思考为何会失败。我问我朋友现在他父亲是否有所改观，朋友摇摇头。

他告诉我他的父亲年轻时就开始学做生意，卖过衣服，开过蛋糕店，办过培训班，奈何刚有起色便甩手不干，本来有机会成功，都因为自己的任性而错过。可惜多年的经验下来他并没有有所反思，只是一味地想要去涉及从未接触的领域。"或许他一辈子都是在寻求那份新鲜感吧！"我朋友无奈地告诉我。生活本就不是一帆风顺，我们遇到困难本就是很正常的事，放弃容易，失去机会也容易。多少名人是因为抓住机会才走上人生巅峰的？多少成功人士是坚持到底才获得胜利的？成就一件事需要坚持，轻言放弃只会一无所获。在人生之路上，遭遇崎岖和坎坷在所难免，然而，在这些阻碍面前，决不能止步不前，应鼓起勇气奔向成功的彼岸！

成功需要我们锲而不舍，胜利需要我们百折不挠。"骐骥一跃，不能十步；驽马十驾，功在不舍；锲而舍之，朽木不折；锲而不舍，金石可镂。"任何的成功都需要日结月累的坚持，"放弃"本身不是件小事，而从我们放弃的客体来看，或大或小。放弃如同坚持，只要我们已经习惯它了，便

会影响我们终身。西汉名相陈平，年少时家境贫寒，与哥哥相依为命，为了实现自己的梦想，闭门读书，不料却惹来大嫂不快，处处被刁难。但他为了不影响哥嫂的感情，一直隐忍不发，在当地传为美谈。后来有一老者被他的美德感动，慕名前来，免费教授他学问。陈平学成后，被刘邦赏识，并辅佐他成就霸业。正是因为陈平的隐忍和坚持，才有了后来的好运，才有机会被人赏识，被人重用。倘若他因为大嫂的刁难心生退意，从此放弃自己的梦想，那留给他的只有悔恨和遗憾，后世也不知有名臣陈平。

汽车之家网站创始人李想是个很有志向的人。1998年，在他还在上高中的时候，他就希望以后能做个人网站。为了实现这个梦想，他勤奋刻苦地学习，生怕自己遗漏了什么。终于在2000年，他开始自己创业，那时候的他已经没有念书，而是选择进入社会闯荡。他注册泡泡网，并凭借自己对IT行业的热情一路打拼，这在中国行业并不多见。但他丝毫没有胆怯，反而越发勇敢。2005年，李想带着团队开始往汽车行业发展，勇于开拓新渠道的李想越做越大，如今汽车之家已经成为全球访问量最大的汽车网站。

李想说："做事要坚定，要认真，如果一件事比别人多付出5%的努力，那你可能就会获得比别人多200%的收益。"正是因为坚持，李想终获得成功；正是因为坚持，在他24岁的时候，他已经从当初那个毛头小子，变成公司的老板。

有人说，既然如此，我们只需要做到大事不放弃便好，何必事事如此，岂不是折磨人？事实真是如此么？其实不然。我们可以发现平常连小事都爱放弃的人，在遇到大事的时候往往也很容易放弃。生活里容易放弃的人，在他的性格里就会多几分胆怯。每每面对困难，他们脑海里总会冒出放弃的念头，他们会寻找各种借口去说服自己放弃，哪怕是一个微不足道的理由，在他们眼里也是难以跨越的沟壑。放弃的念头一旦在脑海里浮现，就会如同有毒的藤蔓，开始疯狂生长。当我们一次又一次地选择放弃，我们心头有毒的藤蔓就越多，它逐渐侵蚀着我们的意志，让我们更加惧怕困难。就像经常撒谎的人，当撒谎已经成为一种本能，想要改变便困难了。世间有一种财富，它看不到也摸不着，但它似耀眼的剑刺破迷茫的天，如磅礴的水冲开前方的困难，又像崎岖的路引你走向胜利的彼岸。这就是坚持，只有坚持才能胜利。

小丽是某公司职员，平日里她总是嘻嘻哈哈，对任何事都不太上心，每当有人提醒她时都不以为意，"我只是个小职员，我该做的都做了，其他的事大可没必要理会。"有同事要她帮忙，她看了看觉得太难，便放弃了。久而久之，同事也都不找她帮忙了，她也乐得自在。可是有一天，公司来了一个新同事，那人总喜欢跟着其他同事忙进忙出，小丽不屑地看了一眼，暗道："有什么的，不就是会拍马屁么！"不久公司有个大的会议要召开，领导有意想让小丽表现一下，特意让她和新同事都准备汇报的工作。小丽听到消息又惊又喜，喜的是自己和新同事比肯定是有优势的，惊的是她从未上过如此大的会议，她怕做得不好。

心生怯意的小丽回到办公室，激动的心情久久不能平静。可是没过多久她就急得焦头烂额，因为她根本没有头绪，同事都在旁边忙碌，可她不想低头去寻求帮助。可是没有头绪怎么办呢？小丽脑海里突然跳出放弃的念头，不行不行，肯定不行。她摇摇头，继续咬牙坚持，可是这次汇报工作她并不是很熟悉，该怎么办呢？她想到了同事们的疏离，想到了那个新同事的样子，她想无论怎样也要比那个新同事要好。可惜没过过久，她又想放弃了，因为她根本做不了这么难的事。放弃的念头在她脑中盘旋了好

久，终于，她选择了放弃。而那个新同事，在会议上大放异彩，深受领导赏识。小丽又是羞愧又是懊悔，倘若她再坚持一下，这次出彩的便是她。

一个人想干成任何事，都要能够坚持下去，坚持下去才能取得成功。一个人克服小的困难也许并不难，难的是能够持之以恒地做下去，直到最后成功。小丽总是选择放弃，久而久之心底的自信就消失殆尽，遇到困难总是选择逃避，这是失败者的选择，成功者只会迎难而上，从不言弃。

"半途而废"就是指的这样一类人。传闻东汉时期有个名叫乐羊子的人，他向来没有远大志向，整日无所事事。他的妻子经常勉励他，希望他有朝一日能改变自己的性情，积极上进，可是并没有什么用。有一天，有一位朋友劝乐羊子应该去求学。乐羊子回家跟妻子商议，妻子很高兴，鼓励他前去。可是乐羊子在外面读了一年书，总是想家，于是向老师请假回家探望。他的妻子非常伤心，用剪刀把自己辛辛苦苦织的布剪成两截。乐羊子大惊，问妻子这是为什么？妻子说："你求学应该是靠日积月累才能完成，现在你中途回来，不是和这块布一样半途而废了吗？"乐羊子听了，深受感动，从此，他发愤求学，整整过了七年，直到学业完成才回家。半途而废就如同乐羊子妻子手下被剪碎的布，一旦我们选择放弃，那么之前付出的所有努力都化为泡沫，不复存在。成就一件事需要坚持，只有不断向前我们才能拥有一份完整满意的试卷，而不是一份长久的遗憾。

德国著名的化学家尤斯图斯·冯·李比希，在化学上很有建树，他最重要的贡献在于农业和生物化学，他创立了有机化学，因此被称为"化学之父"。李比希曾经有一个遗憾，每每想到这件事他都万分懊悔。多年前李比希曾经试着把海藻烧成灰，通氯气提取海藻里面的碘。但是他发现，在剩余的残渣底部，沉淀着一层褐色的液体，李比希并未深入研究。几年后，李比希看到了一篇和他实验颇为相似的论文，认真看下去却让他后悔万分。原来，论文的作者波拉德和他做的实验一样，同样也在实验过程中发现了那种褐色的液体。和李比希不同的是，波拉德没有中止实验，他继续深入研究，想要探究到底是什么物质。最后，他判断，这是一种还未发现的新元素。而后波拉德把自己的发现通知了巴黎科学院，科学院把这个新元素改名为"溴"。李比希万万没有想到，只差最后一步，他就能发现一种新的元素。

然而正因为他一念之差，没有选择继续深入研究，他就和这样重大的发现失之交臂，其得到的结果全然不同。很多时候假如我们再坚持一下，或许就能取得不一样的结果。当我们登山途中累了倦了的时候，千万不要轻言放弃，或许我们再坚持一下，就到达山顶。当我们在工作中遇到困难的时候，或许我们再坚持一下，就有了重大的突破。

孙杨在训练的时候经常会听到教练对他说："再坚持一下，再坚持一下。"游泳运动员每天的训练都是很繁重的，不仅要锻炼爆发力，还要锻炼耐力和柔韧性。很多时候他都感觉自己快坚持不下去了，这时教练都会在他耳边不断为他打气，"加油，再坚持一下就好了。"正因为无数个"再坚持一下"，才促成了孙杨今日的成就；正是因为一次又一次的坚持，才有了他今日的辉煌。

在成功的道路上，坚持非常重要，面对挫折时，要告诉自己：要坚持，再来一次。因为这一次的失败已经过去，跌倒了，再爬起来。只是成功者跌倒的次数比爬起的次数要少一次，平庸者跌倒的次数比爬起来的次数多一次而已。最后一次爬起来的人我们叫他成功，最后一次爬不起来，不愿爬起来，丧失坚持，要放弃的人就叫失败。放弃是我们成功的天敌，放弃

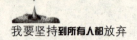
是我们梦想的阻碍。

很多人总是抱怨，"老板今天又训我了""这些客户真是难伺候"等，我们能因为这样那样的阻碍就选择放弃吗？我们生来就是要战胜困难的，我们要坚信，即便天资聪颖，总是放弃也不会给他带来成功，哪怕天生平庸，只要坚持不懈，总会实现梦想。坚持是什么？坚持是通往成功的必经之路。坚持是什么？坚持是通往胜利的桥梁，是通往成功的必经之路。坚持是毅力，仿佛一轮炽热不落的艳阳；坚持是灵魂，仿佛一片屹立不倒的山林。从今天起，我们要学会坚持！因为有了坚持，我们才会朝着目标坚定地前行；因为有了坚持，我们才会努力寻求解决困难的办法；因为有了坚持，我们才有可能把梦想变为现实。只有这样，我们才有机会问苍茫大地谁主沉浮？

三、因为信仰，所以坚持

哲学家定义的信仰是"一种强烈的信念"，一般指对某种主张、主义、宗教或某人的信奉和尊敬，拿来作为自己行动的指南。信仰是心灵的主观产物，它和信念不同，信念是你坚信的东西或者事情。信仰，即是你的信任所在，同时是你价值的所在。罗曼·罗兰曾说："居于一切力量之首的，成为所有一切源泉的是信仰。而要生活下去就必须有信仰。"信仰是一种沉静的力量，它给人的内心带来平静，因为信仰所在，凡尘俗事便不再让人躁动。人类从诞生那一刻起就注定不同于其他生物，有意识的反思自我和观察世界让人类从千万年进化中脱颖而出。信仰，是一个人行为的依据，是人力量的源泉。信仰恒定者遵从自己的内心，不去计较得失，留得一个真我。

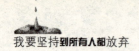

　　信仰让我们内心沉静，给予我们闲看花开花落，笑谈人世沉浮的勇气。因为信仰，人们学会奉献、牺牲甚至崇拜不懈的奋斗。这是意识的进化，是我们精神力量的展现。因为信仰，所以我们始终相信生命的美好，生活赋予我们的是感动而不是苦难。哲学家说，不要害怕生活，坚信生活的美好，那么你的信念就会有助于创造这个事实。被毛泽东亲笔题词的刘胡兰，自小立志报国，将共产主义作为她人生的信仰。年少的她忧国忧民，因为信仰，她不惧危险，因为信仰，她选择英勇就义。当她面对敌人凶恶的嘴脸和罪恶的刀刃时，是信仰给予她勇气，给予她力量。铡刀前，刘胡兰昂首挺胸，她坚信她的牺牲是有价值的，她的生命本就是为信仰而生，牺牲并不可怕。因为信仰，她相信冬天来了，春天也不再遥远，胜利就在不远处，她为此感到无限光荣。

　　信仰是可爱的精灵，它滋养着我们的灵魂；信仰是一汪清泉，它灌溉着我们的心田。信仰带给我们生活的激情。世界本是公平的，它给我们关上一扇门的时候也会为我们打开一扇窗。生活本身并不沉闷，沉闷的只是我们的内心。

　　海子在《幸福一日》中说："从黎明到黄昏，阳光充足，胜过一切过去的诗，幸福找到我。幸福说：'瞧，这个诗人，他比我本人还要幸福。'"我们问问自己，对生活还有热情么？失去信仰的人总是抱怨。我们会发现在物质匮乏的年代，人们对美好的生活似乎更加向往，哪怕生活再艰辛，也会心怀希望，在艰苦中寻找自我的价值。相反如今高度发达的社会，人们的幸福感总是缺失。

　　小杨在公司里是个平平凡凡的人，但他却一直深受大家喜欢。为什么？因为他乐于助人，慷慨大方，做事勤劳，哪怕是遇到很棘手的问题，小杨都能从容面对，很少在大家面前抱怨，虽然他能力并不是很突出，但却一直是大家认为必不可少的人物。老板欣赏他处事的态度，同事欣赏他做人的态度。如果你仔细观察，你会发现小杨无论做什么事都有一套属于自己的"准则"，他说，正是因为这样的"准则"，他才会如此快乐。

生活中很多人都在抱怨，工作的人抱怨繁忙，居家的人抱怨无聊。抱怨无处不在。城市中出现的是繁忙的车辆和急匆匆的人群，楼房与楼房间的距离紧凑，但大家都不认识。人与人之间隔得那么近，又好似那么远。这世界看起来那么热闹，但好像其实很冷清。生活渐渐失去了激情，每当夜幕降临，留给我们的只有疲惫。思想的匮乏，信仰的缺失，带来的远不只这些。小杨之所以觉得幸福快乐，是因为他有信仰。鲁迅看到国人的劣根性，弃医从文，想要给世人带去一丝觉醒，可是结果差强人意。缺少信仰的年代，很难再看到一群衣衫褴褛的知识分子，器宇轩昂地屹立于天地间，用他们满腔的热血，燃烧起生命的辉煌。即便如此我们也要坚信，总有一片天空是属于你的，等着你去翱翔；总有一段人生是你的，等着你去抒写。倾听内心的声音，重拾信仰，活出一份洒脱，活出一份激情。

屈原是战国时期楚国的政治家、诗人，早年受楚怀王信任，任左徒、三闾大夫，兼管内政外交大事。吴起之后，在楚国另一个主张变法的就是屈原。他提倡"美政"，主张对内举贤任能，对外联齐抗秦，推崇修明法度。不料他遭贵族排挤毁谤，被先后流放至汉北和沅湘流域。而后楚国每况愈下，秦将白起攻破楚都郢，屈原自知回天无力，在极度绝望的状况下投江自尽。

屈原一生忧国忧民，他的一生不仅是一个爱国者的悲剧，也是一个正义毁于邪恶的悲剧。他心怀壮志却不能实现，他满腔热血却无处抛洒。他

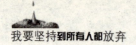
希望国家变得强大，希望百姓能够生活得更好，但却没人愿意采纳他的意见。他行廉志洁，用他那无处挥洒的激情写下气魄宏伟、辞章瑰丽的作品。或许他在政治上是不成功的，但他在文学上是成功的。近代学者梁启超首推屈原为"中国文学家的老祖宗"。郭沫若评价屈原是"伟大的爱国诗人"。屈原用他的信仰书写出爱国的篇章，用他的信仰一次又一次地劝诫楚王，用他的信仰支撑他走到最后一刻。哪怕他在投江的那一瞬间，他的内心也充满着对信仰的追求。他不害怕死亡，他只是没有办法面对楚国灭亡，面对他那无处安放的信仰。

不管是多么平凡或伟大，每个人心中都有一种信仰让我们去成就自我。离理想最近的地方，便是我们的信仰。渺渺人生，浩瀚宇宙，是信仰让我们高歌，是信仰让我们坚持。

首位 NBA 美籍华裔球员林书豪说："信仰是我面对困难时最大的喜乐和勇气来源，帮助我走出低潮，重新找回对篮球的信心。"因为信仰，他度过了低落的时期，带着对信仰最虔诚的姿态，一直不懈地努力着。有人问他如何看待球场上的胜利和失败，他说："我经常反思自己，检查自己的内心和动机，用信仰去检讨自己。"他这种不骄不躁的性格，推动他稳步走向属于他的人生之路。1959 年 9 月，王进喜被评为全国劳动模范，积极要求参加石油大会战。1960 年 3 月，王进喜率队从玉门到大庆参加石油大会战，组织全队职工用"人拉肩扛"的方法搬运和安装钻机，用"盆端桶提"的办法运水保开钻，不顾腿伤跳进泥浆池，用身体搅拌泥浆压井喷，被誉为"铁人"。古人韩信甘愿忍受胯下之辱，只为将来成就一番功业，后成为汉主刘邦麾下一员名将。因为信仰，所以他们活出自我，活出精彩，实现人生的升华。信仰让他们始终坚持，信仰让他们永不退缩。

　　信仰是夜空的星，虽不显眼，但却点亮星空；信仰是海洋的船，虽然渺小，却能乘长风破浪。时代不同，人的信仰也不相同。信仰体现着人生价值，人生价值建立在信仰之上。世界杯的获得者厄齐尔，2015年英超表现最抢眼的球员之一，之所以被器重的原因是他的谦逊。这种谦逊并不是胜利者的谦逊，而是他永远将球队放在第一位，专注于无私的助攻而不是单纯想要进球，他是一个极具纪律的球员。

　　他每天都会去伦敦的一个清真寺祈祷，但这并不是为了显示他是一个穆斯林，而是纯粹地去拥抱自己的信仰。厄齐尔的信仰让他始终保持着一种谦逊，他喜欢帮助他人，喜欢体验生活。球队里的成员尊重他的信仰，他也同样尊重他们的信仰。帕斯卡说："信仰是辉煌的光，照遍周围也引导着人自身。"有信仰的人始终坚持着自己，同时也影响着他人。

　　建立一种信仰，就是确立自己的世界观、人生观、价值观，确立生活的目的和意义，这样才能看到生活不止眼前的苟且。愚公移山，愚公看到的不是高耸的山峰，而是坚定的信仰。因为信仰，所以他相信自己终有一天会成功；因为信仰，所以他毫不畏惧，坚持不懈。古人曾有"宁为玉碎，不为瓦全"的决心，那是因为他们有信仰，是信仰给了他们勇气，给了他们力量。

　　谁没经历过苦难呢？贝多芬在几乎完全丧失听力的情况下，依然坚持创作。弥尔顿在身体极度虚弱、双目失明的情况下，依然保持着一颗希望的心，他将苦难当成命运对自己的考验，是成功前的黑暗。达尔文身体很差，长期饱受病痛的折磨，但他的忍耐力超乎寻常。他的儿子曾说，达尔文在四十年研究期间，没有享受过一天健康的生活。造物者并未将我们的未来掌握在他手中，那些拥有坚定信仰的人，始终会用自己的力量，亲手推开

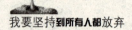

关闭的窗。信仰给予我们极大的忍耐力和克服力，在我们所选择的道路上，带给我们勇气和毅力。因为信仰，所以坚持。因为信仰，所以我们对未来无所畏惧。

四、不忘初心，方得始终

乔布斯说："佛教中有一句话叫'初学者的心态'，拥有初学者的心态是件了不起的事情。"这句话是出自佛家箴言："不忘初心，方得始终。"这句话其实是对生命的拷问。所谓初心，就是人最初的理想、目标和准则。"不忘初心"就是在经过风雨的洗礼之后，走过漫长人生路后，能够"坚持我心"。在这个忙碌而又焦虑的时代，我们走着走着常常忘记自己为何要坚持，为何要做那件事。我们确实如同众多成功学书籍所描述的那样，坚持，坚持，在纷乱的世俗中坚持。我们确实做到了，我们按照自己的规划走了很久很久，我们渴望成功。

饶雪漫说："我还是会相信，星星会说话，石头会开花，穿越夏日的栅栏和冬季的雪花后，你终会到达。"但世人渴望成功的迫切程度早已不再是纯粹的。"世界那么大，我想去看看"十个大字，代表着年轻人为自我勇敢地卸下枷锁。"我想去看看"短短几个字，重重地叩击了我们的心。我们该以何种姿态面对自我？我想起了王国维先生的三境界：境界一，独上高楼望断天涯路；境界二，衣带渐宽终不悔，为伊消得人憔悴；境界三，众里寻她千百度，蓦然回首，那人却在灯火阑珊处。

不忘初心，我们需要坚守自我，即使我们身处闹市，也不为之浮躁。独特的我们拥有一份专属的梦想，我们在人生的道路上负重前行，没有谁比我们更了解自己最需要的是什么。坚守自我，在困难面前不低头，在胜利面前不自傲，在强者面前不卑怯，在弱者面前不倨傲。有些人在人群里待久了，也变成"人群"了。平凡但不平庸，才是人生的归宿。或许你并没有被困难打倒，但你被自己打倒。你或许没有忘记自己的目标，你或许没有忘记自己的梦想，但你忘记了你自己，你忘记了你最初的那个样子，你被困难打磨得失去了模样，哪怕你成功了，也是诸多遗憾。

很多时候，我们不仅要坚持梦想，也要坚持自我。苏轼心怀梦想，敢于直言，针砭时弊，奈何官场并非一池清水，被人诬陷，几经流放。看透官场黑暗的他最终不再寄希望于朝廷，索性做回自己。他豪迈地写道"归去，也无风雨也无晴"。他本性就是如此，违心做官不是他最初的梦想，为五斗米折腰也不是他愿意的事。于是他索性不再留恋，潇洒地在世间遨游，再也无愧于心。初心是一种积极的态度，当我们失掉初心，那我们的热情和我们发自内心的愉悦便会消失。初心给予我们内心成长的力量，只要你内心记得你为什么开始，那你就心甘情愿。

席慕蓉说："我一直相信，生命的本相，不在表层，而是在极深极深的内里。"这里的"内里"即为"初心"。庄子听从了内心的召唤，隐匿世间；

孔子为了心底的安然，甘愿四处游说奔波。《士兵突击》里的许三多，没进部队前是他爹眼里没用的儿子，进了部队后是他战友眼里的弱者。他不知道自己该做什么，他始终是连里的倒数第一。直到班长用埋怨的语气告诉他，他需要成长的时候，他才终于醒悟，他不想继续浑浑噩噩地活下去了。所以，他拼命训练，努力当了班长，用努力和汗水宣告了他的强势崛起。他变了，从别人眼里的一无是处到后来的蜕变。他发现自己体内的力量，挥洒自己心中的热血，他渐渐明白自己想要什么了。

著名足球运动员梅西，从小就喜欢踢足球，但他经常被人打击。他的教练和队友对他的小个子很是不屑，经常嘲笑他，认为他不行。而后，他又被诊断出发育荷尔蒙缺乏，而这会阻碍他的骨骼生长。但他始终不愿意放弃，他想进最好的球队，成为世界足球先生！他一直默默地坚守着，专注着自己的目标。多年以后他真的做到了，一位身高仅 1.69 米的阿根廷少年用他的力量向那些看不起他的人宣告，他做到了！取得了巨大成功的梅西却没有止步，他依旧坚持不懈地训练，继续用最初的那份认真对待每一次练习。这就是梅西，一个想要冲刺到巅峰的巨人。通往未来的路有很多，不同的路有不同的风景，我们不能因为风景的改变而去改变自己的初衷，不忘初心，才能走得更远。

"卡通大王"沃尔特·迪斯尼，为了理想，毅然出门远行，来到堪萨斯城谋生。有了一点积蓄的他创办了沃尔特·迪斯尼动画公司，不料却被销售人员偷走公司积蓄，无奈的他只好宣布公司破产。而后他又自己创办了工作室，他从最开始的默默无闻，到他不忘初心，坚持自己的理想，再一次去尝试，最终成为美国最负盛名的人物之一。他被世人称作"米老鼠之父"。他创造的动画形象米老鼠和唐老鸭从 20 世纪 30 年代开始风靡世界。

他是有声动画片和彩色动画片的创制者，曾荣获奥斯卡金像奖。

不忘初心，方得始终。很多时候我们要提醒自己不要忘记自己内心那份纯真善良和真正想要的东西，想想当时的心境和想要坚持的目标，在我们没有走到最后却想丢掉最初的那颗心时，请扪心自问是否真的有去坚持过，去尽力争取过。哈兰德·桑德斯五岁时他的父亲便去世，十四岁时他开始了他的流浪生涯，十八岁时他的太太怀孕。他后来什么都做过，但大多都失败了。随着年龄的增长，他发现自己还是一无所获。他没有给家庭带来优渥的生活，没有给自己一个满意的交代。他突然不想如此度过一生，这时邮递员给他送来了他的第一份保险支票，他突然觉得自己并非那么老，余生或许还能做点什么。随后他开始拿着自己的退休金支票，开创了新的事业。今天，他的事业遍布全球，那就是我们随处可见的"肯德基"。

"行百里者，应以九十为半，此即末路艰难之谓。"能秉持着最初的赤子之心，行走于人生之道，并矢志不渝之人是弥足珍贵的。有些人忘记初心，他们不知道自己到底想要什么，他们生存着，而不是生活着。我想去看天为什么那么蓝，我想去看海为什么那么大，倘若我迷失了方向，那我的心里终究是有个遗憾，在我弥留之际，我才发现，我心的方向原来就是我一生的归宿。

美国女舞蹈家邓肯，从小擅长跳舞，并对古典芭蕾十分反感，她立志要创建属于自己的舞蹈去解释和表演音乐家的作品。二十一岁时她因生活所迫去英国谋生，找到一份在不列颠博物馆工作的机会，虽然她也能继续跳舞，靠跳舞赚钱，但她始终接受不了那种商业化的舞蹈。于是她潜心研究了古希腊艺术，渐渐地从古代雕塑、绘画中找到了她认为理想的舞蹈表现方式。同时她从古典音乐中汲取灵感。最终她在伦敦的表演惊艳全场，使观众耳目为之一新。她像森林女神一样，薄纱轻衫、赤脚起舞的形象，受到整个欧洲人们的欢迎。

支月英，1961 年 5 月出生，江西省宜春市奉新县澡下镇白洋教学点教师。在她的青春岁月里，满满都是山村的孩子，她几十年如一日坚守在偏远的山村讲台，从"支姐姐"到"支妈妈"，辛苦地教育了大山深处的两代人。时年只有十九岁的她不顾家人反对，远离家乡，只身来到离家二百多公里、离乡镇四十五公里、海拔近千米、道路不通的泥洋小学，成了一名深山女教师。她用自己辛勤的汗水传播知识，给落后的乡村带去希望。山村里条件艰苦，当地人还对她有些怀疑，认为她吃不了这个苦，会放弃，可是她坚持下来了。她努力创新教学方法，总结出适合乡村教学点的动静搭配教学法。她关爱孩子，资助贫困生，不让一个孩子辍学。她走得最多的是崎岖山路，想得最多的是如何教好深山里的孩子。她在山里一待就是几十年，没有因为条件艰苦而放弃，始终坚持着自己的初心。你看她已经不再年轻，可是她的心灵却永远美丽。

不忘初心，方得始终。人生是一场长途跋涉，一个人若坚守自己的初心，那么他行事就会通达，内心就会泰然，会为自己坚持、喝彩，活得自在、平和。不忘初心，方得始终。每个人都需要沉淀，沉淀后我愿意做一个温暖的人，一个坚强的人，一个有自己的喜好、原则、信仰的人，不急功近利，不浮夸轻薄，宠辱不惊，淡定安逸，心静如水。如果说梦想使我们高飞，那么初心就是使我们保持飞翔的动力，我们的征途还在远方，这份初心，需要好好珍藏。

Part 2
勇于行动，去寻找成功的路

行动才能找到生活的源泉

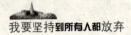

一、失败是我们成功的垫脚石

失败是什么？有些人可能会说失败是我们痛苦的根源，是我们眼角泪水的元凶，它让我们受尽折磨和不堪。难道失败真的就这样恐怖？生活本就是一场磨难，失败只是我们对事情的一种评价，或好或坏。那么到底为什么我们会因为失败而产生畏惧？我们知道生命的意义来自于外界的认同和自我的认同，获得外界认同和自我认同的生命个体会有更多的潜力发展自我，获取更多的幸福感和成就感。不知你是否也有同样的感触，在人群里你总是默默无闻，在工作岗位上你总是精疲力竭，在和人相处时总是力不从心。

我在自学心理学的时候，曾经让朋友做过沙盘游戏。沙盘游戏治疗法是一种以荣格心理学为基础的治疗方法，测试者会在沙盘上摆上自己想要摆放的任何一件物品，可以是树木、人类，也可以是动物、房子。无论摆放什么，摆放在沙盘上的物品都是测试者心灵深处意识和无意识之间的反映。我看到我的朋友在沙盘上摆放了一个房子，四周却都是树木，没有多余的人和物。我拍摄了她的"作品"，我问她，"是否想说些什么？"她欲言又止，眼泪突然掉了下来。我很清楚这个时候不能给她过多压力，于是便让她下次再来。

过了几天，她又来了，这一次她稍微多加了几个人物，还有一条公路和河流。这一次她没有再欲言又止，而是和我说了好多心里话。沙盘游戏的宗旨是让测试者自己看到自己潜意识里的问题。这种问题别人并不能给他很大帮助，唯有自己看清才能克服。这次她也哭了，但我却看到她的转变。一个内心恐惧不安的人很难克服自己的恐惧，逃避是他们经常使用的手段，尽管他们的主观意识并不自知，但潜意识就是一味逃避。现在沙盘的景象无异于让她看见自我内心的状况，她虽然不能接受自己内心的真实状态，但唯有勇敢面对才能有所改善。就像失败，我们唯有勇敢面对，才能改变现状。

内心不认可自己的人，会认为生活中的挫败感无处不在，失落感无休无止，明明自己很努力，明明自己很用心，但结果却总是让自己大失所望。一个人得不到别人的认同时便会在心里产生一种潜在的自责情绪，如果反复得不到改善那便会转为自卑。一旦心里产生了自卑，就很容易放弃当前所做的事。而做事半途而废是大忌，既不能提高自己也不能获得别人的认同，长此以往，心头的挫败感越来越重。工作中的挫败感让你失去对自我价值的肯定，生活中的挫败感让你觉得自己一无是处。难道生活真的就如此低迷，再难见到明艳的阳光？答案是 NO！

孩童时期的我们都有着伟大的梦想，但为何随着时间的推移，那些可

贵的梦想随着我们的成长却一去不复返了？我们随波逐流，来到符合大众口味的潮流里，逐渐失去了自我。在这个物欲横飞的世界里，我们变得像那个童话故事里的小猴子，我们心里的梦想变成了田地里的玉米，我们的选择太多，但坚持下来的太少，导致最终一无所获，悔恨不已。或许我们觉得目标遥遥无期，望不到尽头，看不到希望，但哪个成功不是来自黑暗和苦难，哪份收获不是来自于汗水和眼泪。

比阿斯曾说过，要从容地着手去做一件事，一旦开始，就要坚持到底。触手可及的成就那都是水中月，博观而约取，厚积而薄发，失败不可怕，可怕的是因为失败而放弃。我们时常会发现失败带来的挫败感会对我们日后的生活和工作带来一定的影响，如果仅仅去杜绝这种挫败感，那永远也没有进步，那挫败感永远也不会消失，这种失败会一直重复。

狼在草丛中埋伏了几天，却连一只羊也抓不到。面对这种情况它要做的只有承受失败，坚持下去。遇到困难、遭受挫折和失败后所持的态度，在于是否经得起失败的考验。在激烈竞争中，有人靠自己的智慧和能力率先获得了成功，也有人因种种失误经受着失败的痛苦。但痛苦是短暂的，放弃带来的遗憾却不可挽回。

考研"段子手"张雪峰的教学视频在网上广为流传，作为考研界的"网红"，他的成功别具一格。在其他老师都严肃认真教学时，他却开始"插科打诨"，或许有些人觉得他并不正经，但仍旧许多人愿意去听他讲课。可是谁又知道，在他第一次授课时，却被学生质疑讲课的质量。同时在他身边有很多能力很强的人，这让他很受挫，但他没有放弃，从 2007 年开始他便踏上考研培训的道路，一路走来，他付出很多。在苦难和失败面前他也曾怀疑过自己，但他相信，只要努力就会有回报，他觉得自己能力不足，于是狠心钻研；觉得自己讲课不吸引人，于是开始锻炼口才。他说他不是团队里最聪明、最有能力的一个，但却是最坚持的一个。

人生漫漫，不如意事十有八九，因为失败而去放弃的事也不是没有。大多数人会因为失败感到无力，失败次数越多无力感越强，难道我真的不如别人么？相反有些人会因为困难而奋勇向前，这就是为什么久而久之，人与人之间的差距越来越大的缘由。有些人因为困难止步不前，有些人面对失败永不妥协。一个人的信念有多强，他的未来就有多明亮。

相反，轻言放弃则会让自己更不自信，更容易失败，更容易产生挫败感。吴王勾践卧薪尝胆，漫漫数年卑微如斯，韬光养晦只求一朝报仇雪恨。试想一下国破家亡，往昔美景历历在目，转眼沦为阶下囚，他人眼中弃如草芥，又有谁的处境比他更难？况且如此情形他都能不忘初心，何等气魄！人生本就诸多坎坷，为何不迎难而上？直面困难，直面失败，才能离成功更近。一次失败丧失信心选择放弃，两次失败丧失信心选择放弃，长此以往，当放弃成为一种习惯的时候，一切似乎都已经成为理所当然的做法，久而久之在他人心中的形象也一落千丈。

所以要想不放弃的最好办法就是直视困难，面对困难，不怕失败。没有痛苦的生活不叫生活，没有风暴的海洋不叫海洋。成功的人之所以成功，失败的人之所以失败，并不是外界对他们形象的固化，而是他们做事的态度。一旦开始，便要坚持到最后。他们的态度决定了他们的成功率，习惯于放弃的人又如何能获得成功的机会？失败固然让人痛苦，但那是必经之路。

爱迪生在研究有声电影时，实验室发生了大火，那场大火将他所有资料和样板都烧成灰烬。爱迪生伤心欲绝，但他没有因此趴下。发明电灯时，

他就先后试验了 7600 多种材料，失败了 8000 多次，仍不气馁，终于获得成功。眼下这场火灾同样也不能使他后退。正因为如此，步入老年的他仍旧为科学事业贡献出不朽的力量。

有选择就会有失败，但即使第一步错了，只要及时地发现并纠正，未必步步都错下去。峰回路转，柳暗花明，或许我们在下一个路口便看到了另一番美景。失败好比彻骨的寒冷，成功好比那醉人的幽香，我们不经历那彻骨的寒冷，怎能品味到那醉人心脾的芳香。

有些人害怕失败，因为失败带来的痛苦是他难以承受的打击。到底失败能对我们产生多大的作用，给我们带来的是灾难还是好运？

我们都经历过小时候跌倒又爬起来的过程，学走路的那段时光是我们在生活中第一次真正意义上独自面临的一个挑战，我们挥着小手咿咿呀呀地想要踏出人生欢快的步伐，然而迎接我们的却是意料之中的跌倒。我们会因为跌倒的疼痛而号啕大哭，但哭过之后我们似乎忘记了跌倒带来的伤痛，永远对下一次的征途跃跃欲试。我们那时候并不知道什么叫失败，也不知道什么叫坚持。我们重复着跌倒、爬起，再跌倒、再爬起的过程，终于有一天，我们学会了自己走路，这是多么伟大的壮举，直至今日多少人再也没能有以前那种不知疲惫、坚持不懈的举止。

那么失败到底给我们带来了什么？克服它便是人生的瑰宝，败给它便是一生的魔咒。世俗对失败的偏见让我们无处躲藏，但倘若我们因为失败而放弃学走路，那么我们的一生是可悲的；倘若我们因为失败而放弃学习，那么我们的一生是无知的。随着年龄的增大，我们对失败越来越望而生畏，视它如洪水猛兽，避之不及。可是没有失败怎么造就成功？失败意味着不足，成功也不意味着完美。从失败中发现自己的不足，用事实证明自己在进步，失败并不是固定的结果，而是一种过程。如果说成功是碧蓝的大海，那么挫折和失败便是海洋中的一朵浪花；如果说成功是无垠的天空，那么挫折和失败便是天空中的一朵白云。没有不失败的仗，没有不犯错的人，失败带给我们的远不止失败的表象。史迁之心，大辱择生，方有流芳青史。所以我们需要坚持下去，让自己去发现自己，改变自己。只有这样，成功才离我们更近，梦想才离我们更近。

"留学教父"俞敏洪经常在演讲的时候调侃自己被北大开除的事。在当时那个年代，老师被学校开除并被全校通报就像个"灭顶之灾"，他无法继续从事教师职业，走到哪里都被贴上一个失败者的标签。他只是个农民的儿子，没有背景没有金钱，他是完全靠自己的努力才当上北大的老师，本来他只是想赚点"外快"去留学，万没想到自己还没怎么开始就被迫中断，同时也断送了他的职业生涯。我们不知道那些日子他是怎么熬过来的，一个被名校通报开除的老师，对于一个来自农村的孩子而言，他的内心充满着绝望。心中的梦想断送了，工作也没了，他绝望之后总觉得自己要回到老家，对着麦田说英语。可他不能就这样灰溜溜地回到老家，他经历了三次高考才进入北大，他好不容易走出乡村，怎么能轻易地回去？

倔强的他想到了办培训班，思来想去后，他决定开始着手招学生。可是一个名不见经传的培训班哪个学生会去，于是他没日没夜地开始贴小广告，只要有一线希望，那就去闯吧！那段艰难的日子终于见到了一丝阳光，他的培训班终于有些起色了，后来他又成立了"新东方"，这个现在享誉全国的教育机构。他年轻的时候从未出过国，但他后来却让他人出国。他用自己的力量证明了，失败并不可怕，挫折并不可怕，只要坚持，未来将不是梦幻。

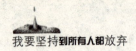
　　不要害怕失败，束手束脚并非良策，勇敢面对才是真理。我们要坚信，现在的苦难会给我们一个更坚强的自己，今天的失败会转变为日后的成功，只要你愿意去坚持，所有的困难都将不是问题。世上本无难事，只怕有心人。钢是在烈火和急剧冷却里锻炼出来的，经历了冰与火的考验才能变得更坚硬。一个人总是要有些坎坷才好，不然是会不知不觉地消沉下去，人只怕自己倒下，这样的挫败很难再站起来。失败并不可怕，它磨砺我们的心性，锻炼我们的精神，是我们成功的垫脚石。我们终究不能逃避失败。我们不能因为摔过跤而不敢奔跑，不能因为风雨而拒绝外出，不能因为迷了路而忽视了自然风光。只有一步步克服困难、迎接失败，才能找到自我的潜力，享受成长中的不同方面的精彩。

二、梦想开花的必备因素

　　我们渴望成功，在追求成功的路上，我们需要从各方面锻炼自己，精神上、身体上都需要做好足够的准备。人生有涯，要想获得成功，我们必须看准时机，做好充足的准备，立即行动。等一朵花开，我们需要阳光、空气、土壤和水，还需要耐心。但成功不是等待，成功是行动，在行动中去靠近目标，从而获得成功。如今社会竞争如此激烈，机会稍纵即逝。19世纪英国生物学家说："人生伟业的建立，不在于能知，乃在于能行。"我们期盼成功，期盼实现梦想，那么我们首先要学会开始行动。千里之行，始于脚下。心动不如行动，珍惜现在所经历的每一天，不放弃每一天的努力，不错过每一天能给我们带来的进步。

　　"纸上谈兵"就是光想不做的典型事例。战国时，赵国名将赵奢的儿

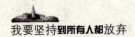

子赵括，年轻时熟读兵书但却没有实战经验。每当他人问他关于兵法的事情，都难不倒他。久了，很多人误认为他很有才能，殊不知他只会夸夸其谈，只会生搬硬套兵法。后来秦国进攻赵国，赵王听信他人谣言，派赵括前去应战，只会嘴上功夫的赵括原形毕露，害得赵军溃不成军。赵括企图突围，被秦军一箭射死，赵军全军覆没。倘若赵括能将兵法熟练运用到战场上，而不是"纸上谈兵"，赵国的损失也不至于如此惨重。光说不做，并非真正的成功者，我们成功的第一步就是要开始行动，而不是做一个俄罗斯画廊里的"多余人"。临渊羡鱼，不如退而结网。只有辛勤的劳动才能有收获，只有开始尝试才能走向未来。最好的态度不是语言，而是我们的行动。行动是成功的阶梯，行动越多，登得越高。

福斯特曾说，幸福大陆的海滩上到处都布满了航船的残骸，其中很多船都是由那些具有能力的人驾驶的。但他们还缺少勇气、恒心和信心，因此他们没有成功。成功也是如此，缺少勇气、恒心和信心，都不能成功。如果一个人没有自信和意志力，那么他就容易被环境和其他事物影响。缺乏自信是我们最大的敌人，当一个人开始怀疑自我的时候，他就开始走向软弱。

对自我持有怀疑态度的人，也会让他人产生不信任。胆小怕事、犹豫不决只会让我们越发自卑，甚至从不敢真正开始做某件事。成功需要尝试，不敢尝试的人终将被社会淘汰。而缺乏意志的人，则缺乏自我驱动的力量，无法承载起自我心中的梦想。保尔·柯察金的成长道路告诉我们，一个人只有在艰难困苦中战胜敌人也战胜自己，才会创造出奇迹，才会成长为钢铁战士。坚定的意志力能让拿破仑在深冬的季节里翻越阿尔卑斯山。在通往成功的道路上有很多诱惑，当一个人有坚定的意志时，他就能勇往直前，始终朝着自己的目标前进，最终取得胜利。

坚强的意志力会让我们拥有坚韧不拔的个性，它保护着我们的希望，就像给生命体穿上一层厚厚的盔甲，保护着我们抗拒生命的不幸。无论处于何种境地，无论遭受何种打击，意志力都是我们最坚强的后盾。是金子总会发光，可是无论一个人多么聪慧，假如没有坚韧的品质，没有顽强的意志力，他就等不到被人们发现的那一天。欧文说，我们可以看到一些有趣的情况，意志力几乎完全可以为人们的前进开辟道路，它能克服种种不利，让人坚定地沿着自己的方向向前走。上天注定让美好降临在痛苦之后，我们还有什么好害怕的呢？生活本就是一场持久战，或许我们的生命很脆弱，但我们能让自己的意志永远不倒。只要意志不倒，没有任何苦难和痛苦能击倒我们。

我曾经坚持每天晚上看半小时书，为了磨砺自己的心性，我特意选了一些艰涩难懂的史书。虽然起初我读起来很难受，整个精神像被开水烫过一遍，焦躁不安。可是随着时间的推移，我逐渐接受了这种行为，并形成一种习惯，书中说的道理我也逐渐开始理解。意志力是锻炼出来的，并非是天生的，我至今很感激我当初这个决定，因为它确实磨炼了我浮躁的性格，改变了我的做事风格，这让我在生活中受益匪浅。

我们知道，行动是成长的法则，而努力是进步的唯一通道。有时候打败自己的并不是困难和痛苦，而是自己。随着时间的推移，最初雄心壮志的人们会渐渐失去动力。生活中最大的遗憾莫过于此，安于现状，漫无目的，甘于平庸，不思进取。平庸的人之所以平庸是因为他们都在自己的路上被他人同化，满足于现状就得不到进步。一个人衰老的标志是他失去生活的热情，没有了对生活的渴望，这样的人生无异于得过且过。

年轻的日本商人齐藤竹之助一心希望能在商业中有所作为，可是到了五十七岁的时候他仍旧没有成功，他拥有的仅仅只是债务。他的朋友都不相信他能有一番作为。然而，让人难以置信的是，十五年过去了，七十二岁的他成了世界顶级推销员。他对于成功经验的概括只有两点：一要有坚定的信念，二要有不断进取的精神。齐藤竹之助并没有被生活打倒，即使在他五十七岁的高龄，他也坚信自己能够获得成功，成就一番事业。他没有消磨对生活的激情，他本可以安享晚年却仍旧努力，这本身就是一种战胜自我的成功。

除此之外，积极乐观也是必不可少的因素。很多时候我们的不良情绪会将我们拉入痛苦的深渊，这并非我们意志力不够坚定，而是我们内心的沮丧无时无刻不在吞噬着我们。沮丧让人看不到希望，我们需要积极乐观，心中拥有美好的愿景，每每遭遇挫折，感觉沮丧的时候，我们都会因为心中那美好的愿景而得到发自内心的宽慰。跌倒了爬起来，我们需要积极乐观的态度去面对以后更长的路。恐惧是成功最阴险的敌人，它让我们不战而退，是热情的冷冻剂，让人们不敢尝试。当恐惧蔓延到全身时，即使对于一个非常自信的人，只要让它找到他内心的缺口，那便很容易被打败。恐惧是我们思维的产物，脱离了我们的头脑它根本没有丝毫用处。假如一个人产生了恐惧，他完全可以通过调节、控制自己的思想，用另一种积极乐观的思想去代替它。但是事实并非如此容易，恐惧的大门一旦打开，消极的态度会让我们沉溺，我们会想起过去曾经发生的种种不快、遭受的种种磨难。于是在我们无意识的情况下，我们自身的行为活动就被限制了。

积极乐观的情绪需要培养，我们感觉到恐惧、失望和消极的时候，要学会自我调整。消极的情绪来自于我们内心对现实的恐惧，我们对自己的不了解让我们变得不自信，因为我们害怕失败，内心的软弱正是消极情绪的温床，只有我们勇敢坚强，这种情绪才能被克制。事物本身不影响人，人只受对事物看法的影响。积极者总能找到解决问题的办法，消极者总能找到消极的解释。亚里士多德说，生命的本质在于追求快乐，使生命快乐的途径有两种：第一，你发现快乐的时光，增加它；第二，你发现不快乐的时光，减少它。所以我们要学会乐观积极，就要转变我们对事物的态度。塞翁失马，焉知祸福。改变看待事物的态度，生活的质量取决你对待事物的态度。事物都有两面性，锻炼自我从积极的方面看待事物，如此消极情绪就会减少。除此之外我们还需要享受过程，无论是在生活中还是在工作中，学会体会，活在当下。坦然面对生活，跳出自己设置的限制，从不同角度去思考问题，从而战胜困难。

我们都是上天派遣下来的使者，我们独一无二，各具特色。他人的生活我们不能复制，他人的成就我们也模仿不来。我们需要做一个最好的自我，并且发现自我、改变自我，做最好的自己。我们的特性让我们会在一条独特的道路上走向成功。这种特性远远超过美丽的外表，这种特性反映出我们的内心世界。成功的道路有许多条，而适合自己的需要去探寻，并非谁都能复制马云的成功之路，并非谁都能依靠他人的经验获取成功。不同的人有不同的路，努力去发现自我吧，去追寻那条属于你自己的成功之路。天空是雄鹰的王国，那里有属于它的希望，它是与生俱来的捕食者，从天空到陆地，它拥有属于自己的那份成功。狮子是广袤草原的王者，它始终坚持着自己的生存之道，始终是无法超越的强者。

要想花开，就做辛勤的园丁；要想成功，就做一个行动的巨人。成功是花，开在心间；成功是歌，唱响未来；成功是笔，书写未来。成功就是

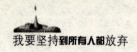

毛毛虫破茧成蝶需要经历痛苦挣扎，就是凤凰在烈火中涅磐重生。奋斗吧！成功因你的汗水而精彩，成功因你的坚持而骄傲。向上吧！只要我们经历了磨难并克服困难，便能成就自我，走向成功。

三、生活需要一个又一个再接再厉

　　古语有云：君子自强不息。生活需要一个又一个的再接再厉，取得成功不是我们的最终目的，我们的最终目的是不断进步，不断完善自我。平庸的人会因为一点成就便止步不前，智者会重新出发。路曼曼其修远兮，吾将上下而求索。生命有局限，但人生的高度却无限制，实现自我是一次又一次的开始，是一次又一次的重来，是一次又一次的再接再厉。

　　我国著名的生物学家、国际知名的科学家童第周，他坚持从事实验胚胎学研究近半个世纪，是我国实验胚胎学的主要创始人。童第周幼时家境贫困，没钱念书只能跟父亲学习文化知识，直到十七岁才迈入学校的大门。读中学时，由于他基础差，学校令其退学或留级。在他的再三恳求下，校方才同意他跟班试读一学期。此后，为了赶上其他同学，他与"路灯"常相伴，别人学习的时候他在学习，别人休息的时候他仍在学习，就是这样

75

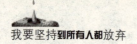

的决心和毅力，终于让他赶上其他同学，并且成绩优异。他带着这股韧劲一直坚持努力学习，到大学毕业后便去比利时留学。

在国外学习期间，童第周依旧刻苦钻研，勤奋好学，得到了老师的好评，并获博士学位。但他并没有就此止步。回国之后，他依旧坚持研究，在极为困难的条件下创立自己的"简陋"研究室。通过自己的努力，童第周和他的同事们完成了若干篇有关金鱼卵子发育能力和蛙胚纤毛运动机理分析的论文。取得成功的他依旧没有止步，新中国成立后，他担任山东大学副校长的同时，又开始研究文昌鱼卵发育规律，取得了很大成绩。到了晚年，他又和美国坦普恩大学牛满江教授合作研究起细胞核和细胞质的相互关系，并取得居于世界先进行列的创造性成绩。生活就是一次又一次的再接再厉，童第周没有因为自己取得的成就而停下脚步，相反他不停地向前，他不断地进步，真正做到了自强不息。

齐白石早年曾为木工，后以卖画为生，五十七岁后定居北京。勤劳是齐白石艺术创作的秘诀，在长期的艺术实践中，他不断刻苦努力，废寝忘食。在齐白石七十余年的画画生涯中，他差不多天天都要作画。他对艺术的追求真是孜孜不倦，几十年如一日地坚持着，即使到了晚年，他也没有睡过早觉，每天照例黎明即起，吃过早饭，便要画上几幅。即使在 1957 年他逝世这一年的春夏之际，这时他的健康情况已大不如前，也没有丝毫懈怠，去世前他还画了一幅花中之王——牡丹，这是他一生中画的最后一幅画。齐白石一生创作过许多名作，尤其是画虾堪称画坛一绝，其笔下的钟馗、寿星、仙佛一类作品，也是人们聊天时嘴边上的对象。齐白石在长达一个世纪的奋斗中，每天都在追求进步，他的坚持让人敬佩，他为艺术奉献了一生，他是真正的大师。

多萝茜·比林顿曾说过这样一句话，我们今天所知道的东西，到明天就会过时，如果我们停止学习，就会停滞不前。据美国人力资源协会统计：一个人工作后，如果每天对他自己的工作职业花一个小时的时间学习，这样连续学习三年，这个人就会成为这个行业的专家；如果连续学习五年，他将成为这个行业国家级的专家；如果连续学习八年，他将成为这个行业世界级的专家。生活还在继续，我们需要不停地奔跑，不管我们身处何方，永远不要忘记脚下的路，登上山顶前都需要不断地攀登，只有一步一个脚印，不放弃坚持到底，才能"登高望远"。无论我们当前处于何种状态，是取得了一个阶段的胜利还是仍旧在起跑的路上，我们都应该继续前行，继续努力。只有坚持到最后的人才能攀上人生的巅峰，只有最后留下来的人才能看到成功的曙光。

生活需要一次又一次的再接再厉，只有不断坚持，不断努力，未来才更美好。没有一次又一次的再接再厉，那些文学巨匠就不会取得那么高的成就；没有一次又一次的再接再厉，那些能工巧匠就不会拥有精湛的技艺。在成功的路上，永远没有止步，只有更好，没有最好。生活的意义是件工艺品，你越是用心，越是精雕细琢，它越是珍贵，越是完美。还未取得成就的人们需要继续努力，取得了某些成就的人更需要努力。战胜自我是生命伟大的课题，战胜困难，战胜自我，人生才能得到提升。我们的征途是战胜自我，挑战自我，一次又一次地突破自我，这样未来的我们才没有遗憾。伤仲永因为没有坚持学习，所以导致他的才华终止，最终沦落为平庸的人。天资固然有优势，但没有后天的努力和坚持，任何聪慧的人也会变得平庸。

一个又一个的再接再厉是珍惜你手上的机会。机会不会主动走到你面前，它需要你付出自己的努力。每一个机会都万分难得，珍惜手上的机会，

清楚自己的步伐，努力地抓住它。我们常常看到年轻人满腹牢骚，他们抱怨自己的生活，抱怨社会，总为自己寻找借口。很多年轻人在大好年华虚度光阴，在他们最珍贵的年华期待奇迹的降临，梦想自己交上好运。他们认为他人的成功是因为外界的帮助和自身的运气。但成功并非完全依靠运气和外界帮助，成功需要持之以恒，需要坚持不懈。想要迅速摆脱困境，最佳的方法是努力工作，即使身处逆境，也要坚持自我，坚持奋斗，保持自己的初心。许多人抱怨自己没法在工作中得到提升，那是因为他们对待工作的态度和自己日常的努力程度，他们只有在工作中保持积极向上的心态，不断地努力，做事有效率，如此才能有晋升的机会。

做任何事都要善始善终，这样的人生信条势必会带给我们不一样的明天。与之相反，做事有头无尾，这样的人什么也做不成。很多人因为自己当前的处境看不到未来的希望，他们不知道用何种方式去改变自己的命运，他们在生活的磨砺下逐渐失去信心，也放弃寻找改变命运的机会。他们终于学会在现实面前低头，即使他们心有不甘，也开始放弃。有些人原本斗志昂扬，但却被挫折伤透了，他们不知道该如何继续，也承受不起一点打击。大多数人放弃的时候都坚信，有一种叫"命运"的东西让他们无法前行，他们寻找到这个完美且不可反驳的借口去诠释他们的一生。这种想法既悲哀又可怜，没有谁能阻挡你的成功，只有你自己才可以。遭遇挫折的年轻人，切莫用这种思想去麻痹你的身心，生活本就是个跌倒、爬起来、再跌倒、再爬起来的过程，继续前行是我们的使命，时间不会等你，机遇也是。

某著名化学家说："我的朋友总是笑我一根筋，但我明白，如果我想在墙上打出裂口，我必须让我的枪连续不停地射向一点。"成功人士的意志力是可怕的，他们的意志力成就了他们，并促使他们不停地朝着前方努力，不管旁人给予什么干扰他们都不会理，他们盯着前方，坚持不懈，并最终取得成功。弥尔顿一生最大的目标是写出一首好诗，这一目标促使他一直认真对待自己的诗。正如我们想要实现自己的目标，我们需要排除万难，去除干扰，坚持不懈地去追求。俾斯麦在担任德国首相时，竭尽全力想要建立一个统一的德意志帝国，这是他的终极目标。他为了达到这一目标，不畏艰险，哪怕让他去牺牲他也愿意。

生活是一个又一个的再接再厉，我们需要常常问自己是否真的努力了，这个问题我问过自己无数遍。我记得我第一次找工作的时候，那是一段难忘的时光。每当想起我都不禁在想，假如我当初继续努力，是否现在会不一样。答案是肯定的。每天世界都在变化，我们要做的是努力、努力、再努力。世界上每天都有人起早贪黑地工作着，他们用自己单薄的肩膀肩负起自己的梦想，他们竭尽全力地生活，一如既往地坚持着、努力着。相反有些人就不是这样，他们每天浑浑噩噩，工作中不被老板器重，生活中不被人信任。

再接再厉需要坚持，需要不懈努力。比别人多付出 10% 就是我的秘诀，百花影帝张涵予如是说。作为中央戏剧学院表演系毕业的高材生，张涵予心中一直有一个强烈的演员梦。因为一次偶然的机会，他参与了一次影视配音，自此被央视看中，开始了他长达十多年的配音生涯。说出来你可能不信，那伴随我们长大的唐老鸭、那能降妖除魔的孙悟空都是他配的音。在十多年里，他的独特嗓音为这一个个栩栩如生的动画人物增添了无穷的魅力，尽管他的声音被人熟知，但大家并不知道那个声音就是他。他渴望走到台前被大家认可，平淡的岁月没能使他忘记心中的演员梦。于是他一边承接着各种配音的工作，一边利用空余时间心甘情愿演出一些不知名的

角色。

　　《梦开始的地方》是张涵予首部参演的电视作品。这部戏里他跟陶虹配戏，他出色的表演和极具魅力的磁性嗓音让人情不自禁爱上这个人物。这部作品让他的演艺得到了导演和同事的一致好评，也让他更加坚定了自己的梦想。从此，他不断向各个导演毛遂自荐，可是默默无闻的他并不被看重，直到有一天，导演冯小刚请他客串《没玩没了》中的一个小角色。或许人们只记得电影中的主角傅彪，但张涵予非常忘我的投入工作的精神以及对剧情的领悟和演绎能力给冯小刚留下了深刻的印象。张涵予为了实现自己的梦想，不管是什么角色，都严格要求自己多付出10%，就这样他打破了冯小刚甄选演员的"铁打的葛优流水的女主角"的规则，在《集结号》中以完美的演出一炮走红，一举成为"五科影帝"。因为不放弃，因为一次又一次的努力，他终于成功转型，成为大荧屏上的实力派演员。

　　这不禁让人想到那些在工作中没有竭尽全力的人，这也是他们总想要放弃的原因。千百年来人们赞颂的艺术作品都是不懈努力的结果，没有哪个人天生就能做到完美，"铁杵磨成针"尚且需要不断打磨，何况去实现一个目标？巴尔扎克在成名前坚持写小说，每部小说都耗费他大量的精力，在引起人们注意前他已经写了40部小说。不懈的努力才有了他后来的成就。正如房屋和地基，地基越坚实，房屋便越稳固。我们只有努力打好人生的地基，才能获得成功。如果满足于当前成就，或者开始安于现状，那么你的目标永远在远处，成功也不会降临。

四、从现在开始，从小事开始

时间是造物者给予我们的宝贵财富，我们拥有时间就拥有无限的可能。对明智的人而言，时间对他们弥足珍贵，是神圣的。很多人终其一生都碌碌无为，到头来毫无建树。他们中有些人总是放不下一些无谓的细节，总有一些琐碎的事耗费其精力和时间。但如果他们充分有效地利用自己的时间，发挥自己的精力，也许可以做更有意义的事。

工作和生活中都有许多琐碎的事，成功的人知道该怎样安排自己的时间，知道怎样做事有效率。光阴似箭，日月如梭，人的一生很短暂，时间总是悄无声息地流逝，留给我们的只有现在和将来。时间是珍贵的，它就像指尖的流水，流逝之后再也回不来了。所以我们必须抓紧每天每分每秒，争取做时间的主人，在属于自己的年华里激扬青春，在时间消逝之际无愧

81

于心。我们珍惜春天，所以我们看到了满目春色；我们珍惜夏日，所以我们看到了骄阳似火；我们珍惜秋天，所以我们见到了累累果实；我们珍惜冬天，所以我们闻到了腊梅芳香。

从前有个小和尚，在寺院里专门负责劈柴。他每天的任务是，早上早早地起床上山砍柴，回来之后劈柴火。上山砍柴对于身体瘦弱的他实在是一件苦差事，山路遥远，砍柴这件事费时费力，尤其到了夏天和冬天，炎热的天气和下雪天都让他苦不堪言。每每这时他都会很头疼，路途遥远，差事又重，什么时候是个头啊？他期盼着能一劳永逸，幻想着有种办法能一天将好几天的柴火都带回寺庙，于是他就去询问寺里的其他和尚，有个和尚就告诉他："你在每天上山之前带一个大点的背篓，如此一来就能多背一点柴火了啊，那你就不用忙个不停了。"

小和尚觉得有道理，于是隔天他带了好大一个背篓，兴高采烈地上了山。他看着背篓里的柴火足够两三天用了，心里特别高兴，可当他刚要背起那一背篓的柴火时，他人就站不稳了。小和尚稳稳心神，为了以后两天的好日子，他愿意忍耐。好不容易等他快要回到寺庙，脚下一滑，摔了个大跟斗，头顶冒出好大一个包。其他和尚到院子里一看，傻眼了，只见头长大包的小和尚满脸疲倦，连路都走不稳。第二天小和尚就下不了床了，闻讯赶来的方丈摸了摸小和尚的头："傻孩子，你想一劳永逸，那么柴砍完了么？"明天是未知的存在，明天的事情只属于明天，今天的人永远不可能解决明天的问题。佛家常劝世人要"活在当下"。什么是"当下"呢？简单地说，当下就是我们眼前的人、身边的事。"活在当下"就是不感伤过去，不担忧未来，全心全意地关注、珍惜眼前人、身边事，还有我们心里那些感动。生命中最重要的时刻，不是过去，也不是未来，而是现在，此时此刻，因为只有现在我们能够感受到自己的存在。

生活和工作中的琐碎事宜，之所以让人难以抽身，那是因为人们没有对事物做一个正确的规划。生命的意义并不在于长度而在于它的宽度，我们控制不了生命的长度，但我们可以扩展它的宽度。我们最重要的是当下，是此时此刻，跨越时间的长河，我们真实拥有的也是当下。世界需要意志坚定、行动迅速的人，这种人能抓住机遇，并迅速开始行动。

一次外出的途中，我发现一家生意火爆的小店铺。走近一看是卖炸肉的店，在店前停留不到一分钟，就来了三个人。我很是惊讶，环顾四周都没见到比这家店更受欢迎的店铺。在好奇心的驱使下，我沿着街道观察其他的店铺，发现一条街道上有好几家炸肉店，但是门口却一个人也没有。我将几家炸肉店进行比较，发现那家炸肉店铺确实有它的过人之处。

首先这家店的炸肉味道很独特，这是吸引人的一部分原因；其次是服务态度好，没有什么比态度好更具有说服力的招牌了。而且我还发现这家店很注意细节，很注重消费者的体验。这样火爆的生意一直持续到年底。我发现店铺突然对外宣称要装修。一个月后，这家店面趁热打铁，开了更大的门面，如今不仅卖炸肉，也开始出售其他食品。这家店无疑是成功的，独具特色又敢做敢闯，很懂得抓住时机。

年轻的生命之所以拥有无限可能，是因为他拥有更多时间，时间就是金钱，珍惜当下，从现在开始。鲁迅说过，时间就像海绵里的水，只要你挤，总会有的。我国著名经济学家王亚南从小胸有大志，刻苦学习，为了有更多的时间学习，特意把自己睡觉的木床改造成三脚床。每当他学习困倦上床睡觉，翻身时总会向一边倾斜，而他就会被惊醒，醒来以后他立马就去伏案学习。正是由于刻苦努力，他才会取得后来的成就。

陶渊明诗曰："盛年不重来，一日难再晨。及时当勉励，岁月不待人。"若想做出一番成就，就要从当下开始，此时此刻是我们最珍贵的光阴，拥有当下，活在当下，是我们每个人都应该做的事。我们要将"从明天开始""从下次开始"这样的话变为"从现在开始"。德国大哲学家康德在哥尼斯堡大学任教期间，遵循严格的生活作息规律，以致于他每天早上外出散步时，当他的居民都以他出门的时刻为标准来校对时间。对他而言生活的每一天都是一个难得的机会，他做事从不拖拉，该做什么立刻就去做。这样的人活在当下，能抓住更多的机会，才能活出真我。把眼前的事做好，对生命负责，不要让明天为今天的事买单。

人生在世，总有这样那样的烦恼，需要我们做的是，对于已经拥有的，应当珍惜；对于求而不得的，应该处之泰然。不以物喜，不以己悲，身处逆境也要相信否极泰来。我们不仅要做到从现在做起，还要做到从小事做起。对微不足道的小事，我们也要认真对待，小事做多了必然能成大事。

有位法国的画家曾说过："成功的行为准则就是要将值得做的事做好。"人们都羡慕他所拥有的成就，但他却告诉人们，这并非难事，只要把小事做好，万事皆有可能。种子虽然很小，但它的力量却是无穷的。万事没有大小之分，即使是个不起眼的螺丝钉，也有它不可代替的作用。我们每天忽略的小事可能都是能够影响我们一生的因素。因为牧羊人没有及时补好羊圈，所以才有了"亡羊补牢，为时已晚"一说，看似不起眼的事件如果不做好，久而久之就会酿成大祸，千里之堤，溃于蚁穴，小事不做好，大事要吃亏。

米莉是个财务人员，她人生的第一次被辞退就是自己造成的。某天，米莉弄丢了一个表，领导也没有问这个表的事，她便以为自己能侥幸逃过一劫，没多久便忘记了。后来有一天，领导想要她出一份年度报告明细表，米莉发现，之前那张表是非常重要的一张，这下可把她急坏了。当时总公司派人来检查，听说了这事，一怒之下，把米莉辞退了。

米莉之前以为那张表并不重要，不料那张表格却决定了她的去留。人们通常会认为只有大事才会影响人的一生，但殊不知大事就是小事积累的必然结果。每天都是我们生命的一个片段，只要我们过好每一天，我相信美好的未来不久也会到来。滴水穿石，积跬步而至千里，如果你对工作和生活中的这些小事轻视怠慢，敷衍了事，到头来就会因"一着不慎"而后悔万分。"台上一分钟，台下十年功。"表演者因为每天不间断地训练，从言谈到举止，这些小事无一不体现他们认真谨慎的态度。正是因为他们不放过细节，从小事入手，才有了台上那一分钟的逼真。老子一直告诫人们：天下难事，必作于易；天下大事，必作于细。要想比别人更优秀，只有在每一件小事上下工夫。不会做小事的人，也做不出大事。孔子以身作则，从小事做起，最后成为一代圣贤。

弗克兰·珀杜在回顾他的经历时，讲述了他成功的原因——细心谨慎，脚踏实地。试想一下只有十岁的弗克兰·珀杜被父亲要求学着养殖小鸡，并要求他熟悉出售鸡蛋的业务。这对于一个十岁的孩子来说是多么高的要求呀！可是他没有被吓倒，反而更加努力。在饲养小鸡的同时，他还得留意不同时期鸡的饲料消耗情况与行情。日子一天天地过去，在他的精心照料下，那五十只小鸡健康地长大了。

通过他的悉心照顾，不久以后，这些鸡的产蛋率超过了父亲的优质鸡种。父亲开始不相信，但父亲亲眼看见他通过自己的努力获得盈利时才开始消除疑虑。因为这件事，父亲开始将部分鸡场交给他管理。1984 年，父

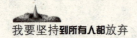

亲将整个家禽饲养场全部交给了他管理，在他的管理下，他家的养殖场变为美国第四大家禽公司。

他感慨地说道："成功的部分奥秘归于我的行动力。当我发现，不同体质的鸡会有不同的成长需求时，我就开始想办法去解决这个问题。鸡养少了又太浪费鸡笼，鸡养多了又影响生长，于是我找了个最佳结合点，每只鸡笼养固定数量的小鸡仔，结果我成功了。我后来把注意力和精力大部分放在能做好的每件事上，这积累了我对整件事情的把握。"

有人将成功的人和失败的人做过比较，以此来强调细节的重要性。同样一件事，成功的人之所以会取得更多人的信赖是因为他们的严谨和坚持。比方说一个餐厅要求每个服务生擦六遍桌子，在同等条件下，成功的人会每天都擦六遍桌子，并且还会思考怎样才能做得更好；而失败的人可能会在坚持几天之后就开始"偷工减料"，老板在的时候装模作样，老板不在的时候敷衍了事。这种态度的区别就会导致人与人之间的差距越来越大，成功的人因为注意细节，持之以恒，被老板赏识，而失败的人就会因为自己的惰性，而不被人重用。

试想一下，倘若一个人总想着将事情拖到明天，做事懒散拖延，又如何能抓住机会，实现自己的理想？"泰山不拒细壤，故能成其高；江海不择细流，故能就其深。"当今社会心怀壮志的人很多，但愿意把事做细的人很少，愿意把小事做好的人很少。浅尝辄止的人在生活中并不少见，我们要重视细节，也要坚持做好细节。我们无论是做人还是做事都要从细节做起，虽然我们不能面面俱到，但开始尝试就是一个好的开始。成功需要我们付出辛勤的汗水，我们需要脚踏实地从现在做起，从小事做起。今日事今日毕，没有谁能一步登天，也没有谁能一开始就做成大事。万事万物都需要积累，只有日积月累功夫才能出神入化。所以，亲爱的朋友，你准备好了么?

奋斗是开启辉煌的钥匙

Chapter4 第四章

一、奋斗的力量

我始终相信成功最好的办法就是去奋斗，奋斗就是我们开启辉煌的钥匙。信念的力量是强大的，只要你足够坚持去做某事，你就会义无反顾。同样奋斗的力量也是强大的。我始终坚信，奋斗是我们改变自己的法宝，只有奋斗才能带领我们走向胜利，看到成功的曙光。生活中遇到挫折是难免的，困难不过是暂时的，那些艰辛和困苦，恰好是砥砺自我、磨炼心智的机会。人生的万里长征路才刚刚起步，只有奋斗才能给予我们自强不息的力量。

刘强东，出生于江苏省宿迁的农民家庭，家境并不富裕。好不容易考上大学的他很懂事，为了减轻家里的负担，他勤奋刻苦，上课之余每天骑自行车去门头沟一家单位做实习程序员，并由此掘到了第一桶金。毕业后刘强东依旧努力奋斗着，他发现中关村里的人总是络绎不绝，这让他产生极大的好奇心。于是他连续两个月天天去中关村实地"考察"，经过仔细观察，并由此发现了商机。看到商机的刘强东拿着攒下的钱在中关村创办京东公司，开始代理销售光磁产品，这是京东事业的起点。如今京东已经成为我国最大的自营式电商企业，旗下包含京东商城、京东金融、拍拍网、京东智能、O2O 及海外事业部，是仅次于阿里巴巴、腾讯、百度的中国第四大互联网上市公司。

　　正是因为刘强东不懈的奋斗和努力，才有了今天京东的成就和地位。我们要坚信奋斗可以带给我们不一样的结果，成功和一个人的出身没有关系，生活充满变数，你今天是个家财万贯的老板，明天或许就变成了一无所有的失败者。唯有奋斗才能保证你不被社会淘汰，唯有奋斗才能促使你成功。奋斗使人上进，奋斗使人勇敢，奋斗使人坚强。唯有奋斗，才有青春；唯有奋斗，才能成功。

　　董明珠出生在江苏南京的一个普通家庭，大学毕业后她在南京一家化工研究所做行政工作。在她儿子二岁的时候，丈夫突然去世，这个消息无异于晴天霹雳。那年董明珠三十岁。她的经历在很多人看来，是可悲的。一个女人独自抚养孩子，生活该有多艰难呀！确实，最开始的时候确实很难，她每天要上班还要照顾小孩，生活耗费了她全部的经历，哪里有时间做其他事情，更别提做出改变。然而，在丈夫去世六年后，董明珠毅然决定辞去工作，独自南下闯荡。她不愿意接受老天不公平的安排，她想改变自己的命运。于是她把八岁的儿子托付给母亲，将所有的压力扛在肩上。她一直坚信着唯有奋斗才能改变命运，"当你决定努力去做一件事情的时候，全世界都在帮你！"三十六岁的她到了格力公司，从一名基层业务员做起。她不断努力，即使是在人生低谷，她也做出了令人刮目相看的成绩。

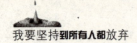

这位女强人的传奇经历便从这里开始。1994年董明珠成为格力的经营部部长，2007年五十三岁的她出任格力电器股份有限公司总裁。直到2015年，六十一岁的董明珠终于实现了十余年的愿望，将格力打入世界500强，排名家用电器类全球第一。

奋斗是锋利的斧头，能帮我们披荆斩棘；奋斗是轻盈的翅膀，能带着我们飞跃人生的沟壑。努力奋斗，让生活更加美好。再辛苦的付出，都是为了拥有一个美好的明天而做出准备。努力奋斗，让梦想起航！生命如此短暂，一个又一个成功人士用他们的艰苦奋斗诠释着生命，不要去管脚下的路有多艰难，不要去估计前方的路有多曲折，只有用奋斗去拼搏，才能有梦想成真的一天。天降大任于我们，必将给予我们苦难，我们唯有奋斗才能与之抗衡，才能走向美好的明天。树苗为了茁壮成长，需要奋斗；雄鹰为了翱翔天空，需要奋斗；鱼儿为了游向大海，需要奋斗。奋斗不是苦难，而是苦难的化解者。唯有奋斗，方能带我们飞向辽阔的天空、浩瀚的宇宙。

洪战辉，一个我们都很熟悉的名字，带着妹妹上大学，从初中到高中，从高中到大学，他一直在生活的磨难中挣扎着。父亲的病让一家人陷入深深的黑暗，所有人都知道他有一个患精神病的父亲，母亲也因此选择离开，家里突然没有了经济来源，而他还有一个幼小的妹妹需要人照顾。生活的重担落在了他稚嫩的肩膀上，这沉重的担子一挑就是十二年。

为了挣钱养家，他什么活都做过，什么苦都吃过。他像大人一样，做小生意，打零工，拾荒，种地。学习之余在学校附近的餐馆做杂工，周末赶回家浇灌八亩麦地。从高中到大学，他一直将妹妹带在身边，无论生活多么艰难，他都一直在奋斗着。他想改变命运，他想念大学，他想书写自己的未来。初中毕业后，他收到了重点高中的录取通知书，他很高兴，但默默地收拾好行李，准备出去打工挣学费。他一直努力地生活着，照顾妹妹，照顾父亲。他从来都没有一句怨言，哪怕是中途无奈退学，哪怕是父亲又犯病了，他都在咬牙坚持。他渴望改变命运，他坚信只要努力就一定有回报。五年高中，他晕倒了十六次。但他从未想过放弃，他记得每一个帮助过他的人，他记得每一个给他机会的人。在怀化念大学的日子里，他安排妹妹上了小学，每天不管学习多忙，都坚持接送妹妹，辅导妹妹功课。为了治好父亲的病，洪战辉吃尽苦头。或许生活对他并不友善，但他却一直坚强地活着。他总说，贫穷也不是什么大不了的事，通过奋斗改变贫穷的劣势才是最重要的！现在的他，因为自己的努力已然改变了自己的命运，成了中南大学的一名老师，这对他而言是多么不容易！

奋斗是伟人的名片，是成功的代言者。还记得自己奋斗过的时光么？奋斗的岁月给我们带来无尽的感动，很多时候当我们看到他人奋斗时，同样也会感动。无论是别人的经历还是自己的经历，我们都感动着那份奋斗，感动着那份坚持。奋斗的日子总是艰苦的，但却是充实的。

我们都为自己努力奋斗的那份精神感到惊叹。依靠自己努力取得的成果显得异常耀眼，哪怕它并不伟大，但却足够鼓舞我们。还记得自己奋斗的模样么？那认真的样子真让人惦记，你可能在心中会忍不住感叹道：原来，我也可以！是啊，原来你也可以。希望那些奋斗的日子不再停留在你的脑海里，而是出现在你的生活里。你原来也可以！只要你愿意，那些让人惊叹的日子必将带给你另一个崭新的自己。

在对的时间做对的事，是雷军一直秉承的信念。雷军在帮助金山上市的过程中，一直引领着金山团队打拼。无论他多成功，他都一直在奋斗，团队里的人都被他这种精神所感动，所以再累再苦，他们也愿意跟随雷军

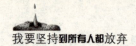

的步伐，奋勇向前。从二十二岁到三十八岁，雷军都在金山公司奋斗，哪怕他如今带领小米冲锋陷阵，但提起金山，不少人都会想起雷军。他是中关村的劳模，也是武汉大学的"荣誉教授"。他是别人心目中的楷模，他的朋友评价他说："雷军这个人很讲究平衡，一件事做不对就会立即反思，不断修正。"正是因为他的勤奋努力，他又成了"天使投资人"，成为了别人眼中的"投资者"。雷军仍旧在奋斗着，小米的未来还在书写，他相信总有一天小米会走得更远，这是他定的规划，也是他正在为之奋斗的目标。

你会发现开始奋斗的时候，似乎世界都在为你让步，所有的困难都不再那么难以逾越。奋斗让我们专注自己的脚下。当你每天都努力锻炼身体，你就不会觉得锻炼是一种折磨，反而是一种享受、一种生活的态度。当你每天都在努力学习，你会因为你的每一次进步欢呼雀跃，似乎努力也并不痛苦。你会发现奋斗的力量比任何灵丹妙药都管用，它改变了你的生活方式，改变了你对生活的态度。也许你不曾发现，那些难熬的日子，都在潜意识里逼迫我们不停地奋斗。奋斗并不艰难，它只是改变了我们看待事物的看法，促使我们更有行动力，做事更用心。它的存在改变了我们，是它让我们变得更好。

黄章，一个家境并不好的农村孩子。当他决心到社会上闯荡的时候，他卖掉了自家地里的农产品当作路费。这在他人看来很不可思议，这个创办魅族的年轻人居然连路费都没有。可这还不是最惨的，他在创办魅族之前，做过搬运工，一个月的工资也就勉强够他吃饭用。让黄章崭露头角的是他在担任新加坡爱琴总经理的那段时间，那时候这家公司已是日落西山，并没有太大前途。但黄章丝毫不介意，他带着手下的团队，开始没日没夜地打拼，最终一款性能比超高的 MP3 震惊了市场，之后他开始被大家熟知。后来他又凭借自己的努力，创立了魅族，从此进军智能手机的行业。黄章说自己还有所欠缺，他在寻找新的发展点，他还要继续奋斗。

你或许不曾留意过别人成功背后的奋斗和汗水，但你要知道改变我们命运的不是别人，是我们自己。奋斗的力量是潺潺流水，给予我们无尽的动力。仙人掌在沙漠中努力生存，即使没有水，它们也坚强地活着。我们难道就不能在逆境中奋斗吗？古往今来，那些功成名就的大人物哪个没有经过努力就获得了成功？人的伟大在于通过奋斗去改变自身的命运，而奋斗并不困难，奋斗只是我们成功的一种方法。"世上无难事，只怕有心人。"我们要相信，天道酬勤。开始奋斗吧！日后你会感激努力的今天，你会感激奋斗的自己。开始奋斗吧！不要再犹豫，别到了白发苍苍时，才垂头低叹，后悔当初。

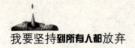

二、你是朽木还是金石

你曾经认真评论过自己么？对自己的能力有过评估么？一个人如果他得不到自我的认可，那他就不能得到真正意义上的幸福。没有什么比正确认识自我更重要了，正确的自我认识是帮助我们找到方向的凭据。当你能够正确认识自我的时候，那旁人的评价对你就无足轻重了，你知道自己擅长什么，你知道自己喜欢什么，你知道自己的优缺点。正确认识自我，决定着你的成败。

有些人自卑，从心底里认为自己能力不足，是个失败者。他们不了解自己的优点，从内心深处就不认同现在的自己。与此同时他们不敢去改变，他们一边鄙视自己，一边又对他人的成功羡慕不已。这种人无论遇到什么样的机会，都会怀疑自己是否能行，他们的胆怯拖住了前进的步伐。内心的不安让他们很难快乐起来。所以，无论做什么事，首先要对自己有一个正确的认识，敢于认识自己的不足，也要去发现自己的优点，用不足来完善自己，用优点来认同自己。

黄章在进入智能手机行业时，一直根据苹果手机的发展路线来进行产品设计，在魅族发布的第一年，确实引起了广泛的追崇，可是接下来的一年多，魅族的发展却开始停滞不前。他看着身边发展势头强劲的其他品牌，开始反思自己哪里做得不对。从一个普通农民小子转身变为一个公司的老板，这个转变非常难得。黄章并不因为现在的成就而忽视自己本身的问题。他发现全资控股企业虽然不差钱，但却不是这个时代的主流。以前那种思维根本不能带着他的公司变得更大更强，于是他开始筹划如何让公司引入更多的资金，让公司转变得更强。现在魅族还在手机畅销排行榜前列，我相信，黄章善于发现自己的不足，这是魅族一直畅销至今的宝贵经验。

可是现实中有些人失败了，在沮丧的同时会潜意识认为自己是块"朽木"，我相信这是因为他们没有看清自己的优点和长处，在过分贬低自己。但无论你是否是"朽木"，你都有自己的闪光点。我们都知道人无完人，圣人也会有他不能胜任和不擅长的事。每一颗星星看似普通，却依然会闪烁属于自己的光辉；每一颗石头看似平淡无奇，却依然有自己独特的纹理。有时候"朽木"也能成为奇珍异宝。我们要学会接受一个真实的自己，哪怕再平凡，我们也要接纳。只有接受了真实的自己，我们的内心才能坦然，才能更安心。

说起国内优秀女模，大众首先想到的肯定是，漂亮。没错，在我们大部分人眼中，模特就是要长得好看，而且那种好看的标准是，肤白貌美，瓜子脸，高鼻梁，大眼睛。可是有一位在中国人眼中长相很丑的女模却名扬国际，这人小眼睛，方脸，肤色黑，全然不符合我们大部分人的审美。

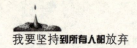

可她却是一名当红的国际名模。她就是吕燕，一位长得"丑"的模特。18岁的吕燕从江西来到北京，19岁只身闯荡巴黎，20岁成为世界级模特。在她成名前大家都没想到，曾经那个总会含腰驼背的"大高个"会走向世界。而她第一次接触模特这个行业是因为模特比赛凑不齐人。或许在旁人眼里她实在不是当模特的料，她在模特里确实"丑"，然而正因为她的"丑"，她成为极具特色的国际超模。在成名前，谁能料到这样一块"朽木"最后会变成"金石"？

每个人都有属于自己的路要走，我们或许并不是别人眼中的"金石"，但我们可以做自己眼中的"金石"。只要你发现自己具备潜能，并抓住机会，那你就能获得成功。我们要相信，我们本身就是一种财富，在我们落寞的时候，我们要给自己一点掌声，战胜心中的恐惧；在我们孤独的时候，我们要给自己一点掌声，温暖自身的灵魂。无论我们是"朽木"还是"金石"，我们都要做自己心中的"英雄"，给自己鼓掌，我们会发现生活的美妙，我们会发现生命的可爱。肯定自己，哪怕不是"金石"，也能有属于自己的辉煌。

艾玛高中时是班级里的"尖子生"，大家都很看好她。她也确实不负众望，考入了名牌大学。我听说她的事时，她已经快要毕业。她留给我的印象是，稳重、聪慧。当然大家也都这样认为，当年考了全校前几名的学生，能不聪明能干吗？几年后我却听说她已经辗转回到家乡，被父亲安排到一个单位上班。我很困惑她会有此选择，原本以为如此优秀的她，会带着自己的梦想，靠自己的能力打拼出一片天空，做出一些成绩。当然她也不是失败的，只是她并没有按照大家预想的那样行事。反倒是我曾经以为并不会有大"出息"的人，却一直坚持奋斗，靠着自己的努力让生活有了改观，有了一份让人羡慕的工作。

当然我并不是贬低任何一个人。或许有些人从一开始就天资过人，有些人在某方面智慧超群，他们就是大众眼中的"金石"，就是"天才"，可即便如此，倘若他们没有后天的努力，又如何超越他人？笨鸟先飞，勤能补拙，即便是天才，也不能做一天和尚撞一天钟，生活需要努力和奋斗，不努力不奋斗，最后只能沦为普通人，失去他们本有的优势。所以无论我们是"朽木"还是"金石"，我们都需要坚持不懈的奋斗，才能变成自己心中希望的样子。

许多事实证明，古今中外都有不少"笨鸟"先飞而早人一步。清朝学者阎若璩自幼口吃，"入学，读书千遍犹未熟"，遭到同学耻笑。但他并不灰心，依旧坚持苦读诗书，争取做到心领神会。终于在他30岁的时候，写成《尚书古文疏证》八卷。明代著名哲学家和教育家王守仁，儿时反应迟钝，一度不能说话，经过四处寻医，六岁时终于把病治好了。由于他小时候不会说话，家里父母也没教他念书，因此比起别人家的孩子，王守仁总是一问三不知，看起来很愚笨。附近的人总是嘲讽他，说他笨，连小孩子都瞧不起他。王守仁听了这些闲言碎语总是很难过，有几次实在忍不住，便跑去问父亲："父亲，别人都说我笨，我真的很笨吗？"父亲摸摸他的头，安慰他说："不，孩子，你不笨。别人只看到你的外表，却没有真正了解过你。在我看来，你是很有希望的，我觉得你很聪明，只要肯下工夫，我相信你一定会是一个很有学问的人。"

王守仁点点头，他知道父亲只是在安慰自己，但是有了父亲的鼓励，他觉得自己不能就此堕落，应该越发勤奋才行。于是他开始变得自信起来，他下定决心要发愤图强，平时读书，别人读一遍，他就读两遍、三遍甚至

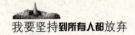

十遍。别人一知半解，他就要做到完全弄懂。白天他认真听先生的课，放学后立马钻进书房，总是被父母催着才出来吃饭，可谓废寝忘食。

多年以后，经过自己的刻苦奋斗，王守仁终于成为一代名人。正因为王守仁首先学会了接纳自己，他才有足够的勇气去改变。我相信这样做的一个好处就是，可以让人减少心理能量的消耗。对自己、对别人，都是这样。在他人眼里他可能就是所谓的"朽木"，哪怕他自己都不喜欢这样的自己，但他确实正视了自己。他知道自己天资不高，所以他愿意勤奋努力。

每个人都是独特的，只要用心发掘，一定能从中看到属于自己的光彩。我从小就是一个木讷的人，在兄弟姐妹当中，非但不显眼，而且还总是遭到亲戚们的嘲笑和挖苦。家里的大人总是喜欢将我和其他兄弟姐妹进行对比，他们喜欢会说话的孩子，毫无疑问，我从小到大都被他们确认为"朽木"。好在我的兄弟姐妹对我十分亲近，所以儿时受到的冷落并未给我造成太大影响。可是后来，随着大家年龄的增长，大人眼中的"金石"，都一个又一个地让他们失望。只有我，这个大家从小都觉得是个"蠢材"的人，一直不断地进步着。像我这样的人大有人在，他们默默地坚持着，在人群中并不显眼，但是他们却奋斗到最后，走到了终点。反观那些被人看好的人，反而有可能中途退场，隐没在茫茫人海，普普通通。

未来和我们现在的境遇并不相关，或许今天你是一个茫茫人海中的普通人，或许明天你就是职场上的新星。我们不能因为当下的处境就去给自我设限，别人的看法并不重要，重要的是我们不要放弃自己。不管你是他人眼中的"朽木"还是"金石"，你都要学会用行动说话，用事实证明自己。

只要无愧于心，生命也就没有遗憾。曾国藩小时候的天赋不高，但他发奋图强，终究刻在时代的记忆里。时代的浪潮正冲击着我们每个人，现代社会越来越先进，我们需要不断进步。谁能保证自己永远是"金石"？更何况不少"朽木"渐渐赶上时代的步伐，成为后起之秀。如果"金石"依然徘徊不前，那么只能被时代淘汰。勤能补拙是良训，一分辛苦一分才。又有谁愿意自己永远是"朽木"？激烈的竞争，不懈的努力，他们终究会成功。假如你是"金石"，请继续努力，发扬自己的长处，实现自我的价值；假如你是"朽木"，也请继续努力，认识自我，发掘自我，让自己从平凡中来，做最好的自己。

三、打破习惯是我们开始的第一步

　　生活中很多人知道自己并不是害怕失败，而是不知道怎么去改变。拖延症患者就是其中一种人。他们总是信心满满地去制订每一步计划，满怀希望地沉浸在自我的世界里，按照这个计划肯定能成功。可随着时间的延长，他们开始懈怠了。"就等一下"是他们通常使用的借口，然而一下并非只是一下，而是无休无止的一下，直到有一天终于厌倦了，彻底地舍弃了。他们的思想总是比行为先行一步，先一步开始先一步结束。

　　急功近利并不能给我们带来丰厚的回报，相反会让我们得不偿失，饱受折磨。成功贵在坚持。相信自己的能力，想好今天要做什么、明天该做什么，努力把每件事做好，才能够取得成功。不积跬步，无以至千里；不积小流，无以成江海。任何事情，都有一个从量变到质变的过程，只有当数量积累到一定程度，才能引起质变。成功也有一个过程，想一蹴而就，是不可能的。只要你一步一个脚印地前进，没有什么困难是克服不了的。但为何道理都明白，却总是难以实现呢？这是因为我们每个人都有安于现状的潜在思维，安于现状并没什么过错，但只要我们安于现状，不思进取便会接踵而来。

二十多年前，他踩着三轮车，在烈日下叫卖。二十多年后，他位列大陆首富。想必大家都知道"娃哈哈"这种饮料吧，它既是儿时的回忆，也是那个年代的记忆。有人说"娃哈哈"的成功依靠的是愚公移山式的坚持，宗庆后自己也承认，正是自己那股不服输的劲，才有了后来的成功。但宗庆后的前半生确实尝尽苦头，十六岁那年，他被安排到舟山去填海滩，在那里一直待到三十一岁。后来他在学校和退休老师合伙开小商店，发现很多小孩食欲都不好，宗庆后逐渐重视起这个问题。四十七岁的他，脑海里萌生出想要创业的念头，但他的年龄无疑成为众多人阻拦的缘由。但他却依旧想要去闯一闯。1988年，宗庆后贷款14万元，组织专家和研究人员，开始研发专门给小孩子喝的营养型饮料。

随着时间的推移，市面上"娃哈哈"的身影越来越多，第四年"娃哈哈"已经被全国人民所熟知，市场份额巨大。但是宗庆后并没有就此满足，他把眼光投向了那些濒临倒闭的食品厂。1991年，宗庆后兼并了第一家公司，这为"娃哈哈"日后的发展奠定了基础。宗庆后一直没有满足现状，他不断地寻求发展的契机，哪怕希望很渺小，他也愿意去尝试。

安于现状最可怕的地方在于，不去改变，不想去改变。当我们每次都想放弃的时候，都有一个"安于现状"在脑海里作祟，我们贪恋着它带给我们的温暖和安逸，哪怕目前生活过得并不是很好，但大家也不愿去冒险。我们所处的世界无时无刻不在发生着变化，我们没有必要去追求他人眼中

的成功，但我们需要与时俱进，而不是原地踏步。

被誉为"中国留学教父""中国新首富教师"的俞敏洪说："自己与学习同行，学习成就了自己。"他说他曾经历了很多重要的阶段，每一个重要的阶段都是他不断进步的阶梯。第一阶段是三年艰苦高考的阶段，家境贫寒的他条件有限，但为了能够考上大学，改变自己的命运，他一直艰苦奋斗着；第二阶段是他在北大的学习阶段，这个阶段他不断地学习，不断地充实自己；第三个阶段是他向社会学习，开始创业的阶段。到了四十多岁，他又开始学习国际资本运营的相关知识。对他来说每一个阶段都是一种磨炼，都是对自己原有习惯的打破。

小安是个在校大学生，和其他同学一样，她每天上完课就是待在寝室里玩手机、电脑，随着时间的流逝，她发现待在寝室的同学越来越少，到最后只剩下她一个人了。每天看着舍友们进进出出却丝毫没有任何感触，除了偶尔的冷清，她觉得现在不需要任何改变。终于到了学期末，她也开始为期末考试慌张了，拿起书本，背上书包，"哼，我也要做一次学霸！"戴着耳机听着音乐，小安来到自习室，发现密密麻麻的全是人，好不容易找到一个座位，放下书本，拿出笔来，还没开始学习又觉得口渴。拖拖拉拉地拿着水杯去接了杯水，回到座位上没看几行字又发现脑袋有些昏沉，好像是困了。

难道是学了很久？掏出手机看看时间，出乎意料的还早，可是脑袋越看越糊涂，越看越想睡，于是浑浑噩噩就度过了半天的时间。日复一日，小安终于不再坚持去自习室，反倒接着待在寝室。难道学习真的那么难么？其实并不是，只是小安长期养成了一种懒惰的坏毛病，这才让他陷入浑浑噩噩的窘境。她知道自己需要改变，但却没能抓住要害，打破自己的习惯，从而错过了让自己改变的机会。

著名导演李安出生在台湾屏东。父亲给他起名"李安"，一来是老家在江西德安，二来他父亲死里逃生来到台湾，所乘坐的轮船就是"永安号"。如今为众人所熟知的是他在电影事业上的成就，然而很少人知道，这位著名导演曾经也有非常不安的时候，30岁前的他极度怕水！这样的情形一直持续到1991年，那时候的他再不是那个意气风发的李安，因为不被重用，他在美国三大经纪公司之一的威廉·莫瑞斯公司一直默默无闻，六年的日子里，他一直没有机会表现自己！

他渴望成功。在最初奋斗的日子里，李安拿着剧本开始跑影片公司，两个礼拜跑了三十多家，屡屡碰壁，得到的答复都是一样。坚持不懈的他那时候还没有意识到问题的症结所在，直到他的朋友谈及他怕水的事时，他的心中才顿然了悟，为何他一直没有被重用的缘由：安于现状。因为安于现状，他不敢去尝试，不敢去突破，他想去尝试和挑战自己的恐惧，哪怕他在看到水的时候真的感觉到死亡的气息。从那以后，他便开始尝试潜水，更爱上潜水，或许这很疯狂，但正是因为如此他才敢去迎接更多的挑战，才有了今日辉煌的成就。

要想改变，首先就要打破习惯。打破懒惰的习惯，打破拖延的习惯等。很多时候我们并未留意到，一时半刻的拖延虽然很短暂，但却会在日积月累中变成我们行为的一部分，一天两天的懒惰虽然不常见但却会在日后的生活里成为我们的习惯。习惯就像血肉，我们改变它必须要受痛。猎狗去追咬野兔，为何捉住的次数并不多，因为猎狗的习惯是尽力而为，而野兔的习惯是全力以赴，这就是区别。当猎狗遵循以往的习惯，那么他就追不上野兔；当我们遵循以往的习惯，那么我们也不能将一件事做到最后，很

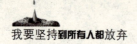

容易半途而废。

其实我们身边就存在很多突破自我的例子。我认识一位朋友，还在上学的时候就十分出彩。当时大家刚进大学校园，都以为一入专业"深似海"，选错专业，无异于入错行。很多年轻人现在也有这样的看法，我想说的是，或许大学的专业会影响你的发展，却不能决定你的发展。你的发展最终还是依靠你自己。那位朋友我印象颇深，他当时进入学校的专业是史学，但他却一直自学编程。他的壮举在学校广为流传，因为像他那样有志气的学生不少，但是坚持下来的却没有几个。

大学四年，他课余时间都在研究如何编程，大四毕业时，他去应聘了某知名网络公司。当时招聘的工作人员一看他的简历，就拒绝了。可是他并没有放弃，而是默默从背包里拿出他自己编写的程序，郑重地说道："请您再考虑考虑。"工作人员接过他手上的硬盘，回答说："等我们通知。"一时之间校园里到处在流传他的消息，不知过了多久，他就被破格录取了。我很钦佩这样的人，敢于突破，敢于尝试，我相信他日后一定会成功的。

突破自我，打破我们给自己画下的"圆圈"。转变自己的态度，让自己变得积极起来。故步自封的人坚持保持自己原有的状态，那不叫坚持自我，那叫无知。我们要紧随潮流，用行动去实现自己的梦想，打破我们原有的不良习惯，全力以赴。古人尚有头悬梁、锥刺股的决心，我们为何不能拥有同样的精神？

你看那勤奋努力的人们，他们选择的不是安逸地享受生活，而选择了努力奋斗：有人每天早上五点就起来准备工作，有人每天晚上都两三点才休息……那我们呢？不要给自己设限，人生充满变数，只有努力奋斗才是不变的真理。奋斗需要转变我们的习惯，克服我们的惰性，所以打破习惯，是我们奋斗的第一步，是我们接近更完美的自己的重要一步。

打破习惯的目的是为了让我们更好地走下去，也就是突破自我。温水里的青蛙终究是难逃一劫，当我们下定决心要做一件事时，敢于突破自我才能更好地把握机会。如果将老鹰养在安逸舒适的鸡场里，始终没有人去训练它飞翔，那么它一辈子也不会想去天空翱翔。但如果将它从高处扔下，那么没有几次它便学会飞翔。

当我们有意识地去突破自我的时候，那么我们便开始了新一轮的征途，那是我们成功路上的一个必要过程。一成不变只会被淘汰。成功之路很遥远，我们不能保证每一天都是晴空万里，可能会遇上大风，也可能会遇上暴雨，世界总是在变，既然选择了远方，那我们便风雨兼程。既然我们选择了，那便要坚持到底，哪怕沿途再多的风景，再多的磨难，我们都要坚持自己的梦想，守着心头那点希望走到最后。

四、沉心静气，厚积薄发

成功需要过程，我们的努力也有一个过程，日积月累才能水滴石穿，厚积薄发才能取得胜利。凡事需要积累，没有什么能一蹴而就。在我们努力的过程中，需要沉下心来，专注脚下的路，积累自己的经验，锻炼自己的能力，如此才能获得成功。树木深深地扎根在土壤里，才能吸取更多的养分，才能更加苗壮地成长。奋斗是我们扎根现实的根茎，我们从中汲取能量，静静成长，这个过程会经历暴风雨，会经历黑暗，但只要我们根扎得够深，只要我们一直汲取养分，我们终会长成一棵参天大树。

华罗庚说，面对悬崖峭壁，一百年也看不出一条裂缝来，但用斧凿，能进一寸进一寸，能进一尺进一尺，不断积累，飞跃必来，突破随之。日结月累的坚持尚能水滴石穿，长年累月的努力必能有所收获。厚积薄发需要坚持，只有坚持，才能从沉淀中充实自己，只有坚持，才能在挫折中提升自己。苦心人，天不负，卧薪尝胆，三千越甲可吞吴。

爱默生说，如果一个人的眼睛只盯着工资而不看工作本身，他最终获得的回报以及他的职位和名声，都是很低的。如果每一个年轻人都只关注工资，那这个社会很难有创新，很难进步。"冰冻三尺非一日之寒。"沉潜是一种"于无声处听惊雷"的心理素养，是一种收敛、自省，是锻造灵魂的手段。这样的沉潜看起来不够灵活，不能迅速达到你想要的成功，可是，它却能为你的成功积蓄下足够的力量，让我们为之惊叹。

海尔品牌的成功和张瑞敏的坚持是分不开的。二十世纪八十年代，正值改革开放初期，很多企业都在盲目追求扩大规模。张瑞敏眼看市面上国外家电数量激增，不但没有着急像其他企业一样扩大规模，反倒是紧抓质量，严格地控制生产流程。张瑞敏也注意到市场浮躁的气息，他提出"要么不干，要么干第一"的口号，这在当时众多企业中独树一帜，为海尔赢得了竞争优势。1985 年，有用户向海尔反映：海尔电冰箱有质量问题。张瑞敏很重视，亲自去仓库检查，发现确实有存在问题的电冰箱。

有人说，要不把电冰箱直接给厂里的工人，这样也省心。但张瑞敏却做出了一个大胆的决定，他要工人们自己砸掉那些有问题的电冰箱。听闻这个消息的员工很感动，自发地监督生产过程的每一步操作，力求达到完美。正是因为张瑞敏这种脚踏实地的精神，他才会在别人都盲目追求数量的时候，选择控制产量提高产品的质量。正是因为他的这种稳步抉择，在他的领导下，三十多年前的一个集体小工厂能发展成全国家电第一的品牌。

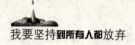

　　张瑞敏知道如何厚积薄发，正因为如此，海尔才创造了质量神话。沉下心来，用行动去证明决心。我们要懂得如何沉淀自己，能顶得住压力，创造出属于自己的一份精彩，实现自己的梦想。只要我们能够沉得住气，耐得住寂寞，并永不停歇地努力拼搏，厚积薄发，则成功可期。成功者大多长期默默无闻地全身心投入自己的事业，厚积薄发，最终才功成名就。年轻人想要实现梦想，达成目标，就要不断提升自我素养，克服浮躁心理，始终保持"得意淡然，失意泰然；受宠不惊，受冷不冰"的良好心态。

　　十年前，"全球通"第一次出现在中国的移动通信市场上时，人们并没有意识它将成长为通信业第一大品牌。经过十年的风雨磨砺，"全球通"已经成为通信市场最知名最有价值的品牌。"全球通"通过自己的努力，厚积薄发，逐渐成为有实力、有优势的通信市场品牌。它的成功并不是偶然，而是长久的积累。

　　古德摩斯梯尼，天生口吃，而且他的嗓音微弱，因而从小就有些腼腆害羞，在旁人面前总喜欢耸肩。身边的人从未觉得这样条件的古德摩斯梯尼，终有一日会成为古雅典雄辩家，因为他本人看起来似乎没有一点当演说家的天赋。但古德摩斯梯尼胸怀大志，他希望自己有朝一日能成为卓越的政治演说家。他自己天资不行，即便是和正常人比较，他都是难以企及。

　　即使知道可能性不大的德摩斯梯尼也不愿意就此放弃，他决定坚持自己的梦想，他给自己制订高强度的学习和训练计划，每天严格按照计划去执行。即便他如此努力，他最初的政治演说也是很不成功的，因为他发音不清，论证无力，多次被轰下讲坛。为此，他刻苦读书学习，更加勤奋地练习。据说，他为了让自己论证更有条理，努力诵读名著；为了改进发音，他不断地练习演员的发音，并将小石子含在嘴里朗读，这样的训练持续近五十年。

成功需要奋斗，奋斗需要坚持，这个过程是漫长的。路遥为创作《平凡的世界》，多次下煤窑、走乡村、住窑洞；为了将作品更好地展现给读者，他一字一句地进行推敲，终于在六年之后，完成这部伟大的小说。多少人能坚持一件事到六年？六年的时光，他潜心创作，默默坚持，谁能体会到他心里到底经历了何种挣扎？所以他的成功是经过岁月的沉淀产生的。

心浮气躁的今天并不能给我们带来美好的明天，沉下心来，做我们该做的，学我们该学的，坚持我们该坚持的。前路漫漫，你若不沉下心来，总是会遭遇失败。反之，用心去做事，内心一片平静，反倒更容易成功。

从前有个人科举考试失败后，心情十分沮丧，觉得无颜面对乡亲父老。他走投无路，只得在外地辗转，迟迟不愿意归家。有一天，他在路上遇到一个大师，大师看他愁眉苦脸，郁郁寡欢，于是问道："施主可是有什么烦心的事？"那人闻言看向大师，接连叹了两口气，摆摆手说道："大师，我确实有烦心的事，但却不能讲给大师听。"大师又问："那是为何？"那人这才开口讲述自己的烦心事。大师听完并不回答，只是把他带进一个古旧的小屋，屋子后有一池清水。大师微笑着说："你看池水，它已经在这儿很久了，几乎每天都有灰尘落在里面，但它依然澄清透明。你知道是为什么吗？"那人认真思索后，说："灰尘都沉淀到池底下了。"大师赞同地点点头："年轻人，生活中遇到的挫折很多，就如掉在水中的灰尘，但是我们可以让它沉淀到水底，如此能让水保持清澈透明。如果你不断地搅动，那么池底的灰尘就会使整池水都变得浑浊。"那人恍然大悟，立即

告别了大师回到了家乡，他准备再试一次，这一次他要更加努力，更加用心。果不其然，他第二年便考中。

沉心静气，厚积薄发，做一个用心之人。大师对年轻人说的道理就是如此。我们每天都会遇到不同的困难，或大或小，倘若我们不断"震荡"，那些困难就会不断扩散，给我们生活带来不必要的麻烦。所以我们在面对挫折的时候，应该做好自己该做的，不要心浮气躁。年轻人苦恼的是辜负了乡亲父老的期望，没能实现自己的愿望，大师认为这样的苦恼并非不能解决问题，只有他定下心来，用行动去提升自己，这样才能解决问题。一味的苦恼只是徒增伤悲，不如沉心静气，厚积薄发，做一个更好的自己。

李冰冰在出演《风声》之前一直都是不红不紫的状态，但她没有放弃，仍旧一步一个脚印，努力提升自己的演技，直到参演《风声》。此影片让观众被她精湛的演技折服，而她也获得了台湾电影节金马奖最佳女主角殊荣。我们都没有看到她在台下是如何努力去揣摩角色，又练习了多久，但我们真真切切看到了她台上的进步。这些进步都是她努力的结果。一个质的飞跃需要量的积累，你看到的是她的光鲜亮丽，但未必能看见她为之付出的努力。

厚积薄发，摆正心态，成功就在眼前。当你愿意俯下身去沉淀自己，充实自己，你才会有大的突破。一个水滴的力量纵然很小，但是长久地坚持，也能穿透坚硬的岩石。只有长久的积累，生活才会有突破。你要相信，人生需要积累，成功不是一蹴而就，失败也不是完全否定，任何事物都是通过量的积累出现变化，我们不能光看到表面的变化就去判定自己的未来。失败并不可怕，可怕的是就此放弃；坚持并不困难，困难的是一直坚持。

厚积薄发最重要的是积累，不问结果，只看过程，当你把每一个过程都做好了，结果便也不会太差。我们要坚信，厚积薄发终会带给自己一个让人惊叹的突破。

Part 3

君志所向，愈挫愈勇

充实自己才能坚持到底

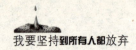

我要坚持到所有人都放弃

一、学习是生命最好的状态

"学习"二字出自我国的思想家、教育家孔子的"学而时习之"这句话。"学"就是效仿，即从别人或书本、环境等处获得知识、增长智慧等；"习"的原义是小鸟频频起飞，这里指从实践经验中获得知识技能。著名作家王蒙曾说过，一个人的实力绝大部分来自学习，本领需要学习，人际交往需要学习，健康身心需要学习。学习可以帮助我们解决疑惑，学习可以帮助我们抵御无知。学习是把钥匙，它可以为我们打开世界的大门，让我们在生活中、工作中都能有自己独到的见解。

古人说："玉不琢，不成器；人不学，不知义。"学习是我们选择的依据，一个不学习的人，不能在自己迷茫的时候拥有一个正确的判断力，不能在自己迷惑的时候找到解决办法。学习同样也是一面镜子，因为通过学习我们了解什么是正确的，什么是错误的，我们脑海里形成的人生观、价值观和世界观都和学习有密不可分的关系。

公司里有位销售业绩颇好的人最近要被调走了，大家都围着这位"神人"告别。小安是公司里的老员工，他一直不知道自己为何总是比不过这位屡屡打破销售记录的人，特意前来"送行"。"丹尼尔，你是怎么说服投资人购买我们的基金的？我一直以为他不会在乎这点小钱。"小安一见到丹尼尔便忍不住问道。丹尼尔笑着回道："因为他欣赏我。"小安不信，追问他为何总是能拉到顾客，而自己却做不到。丹尼尔见他那么诚恳，便从包里拿出一本书，递给小安。"这就是我为何总能拉到客户的原因，你知道的，我很爱看书。"丹尼尔和同事们聊了一会儿之后便离开了，小安手里拿着那本书迟迟没有翻开。

等到人都散了，小安才开始翻阅起那本书来。书中满满写着丹尼尔的读书批注。小安看着那深深浅浅的文字，突然感到一阵羞愧。丹尼尔平日里确实喜欢看书，原本以为他看的都是杂书，谁知道丹尼尔却一直在学习。小安自以为是公司里最机智的人，这次他彻底折服于丹尼尔了。书里的很多文字他都一知半解，很多概念他都不了解，难怪他不如丹尼尔呀！

学习就是要学会投资自己，在不断进步变化的世界里，我们当下拥有的能力和学识，并不能支撑我们走到未来。世界在变化，我们也应该变化，与时俱进说的就是这样的道理。学习是通往知识、真理、光明的途径，只有不断学习，不断充实自己，人生的高度才能被提升，自我的能力才能被加强。牛顿之所以看得远是因为他站在"巨人"的肩膀上，社会的进步正是因为一代又一代的人在坚持不懈地学习，才取得进步。只有不断学习，才有可能进步。

现在很多人对学习有一个误区，认为学习是学生时代该做的事，已经踏上工作岗位的人并不需要继续学习。他们认为学习就是念书，就是考试。其实并不是，学习本身很广泛，但生活中很多人将其内容狭隘化，导致大家思想总是跳不出那个怪圈。这种现象本身就是一种"不学习"带来的负面作用。小塞涅卡说，只要还有什么东西不知道，就永远应当学习。不怕一个人无知，而怕他不知道自己无知。孔子说："学然后知不足。"只有学习才能让我们了解自身的短板，才能有机会去弥补自己的不足。

孔子的一个学生对每天的学习有些厌倦，他不知道知识到底什么时候才能学完，难不成要学一辈子？于是他壮着胆子问孔子："先生，我什么时候才可以把所有的知识都学完？"孔子不语，用树枝在地上画了两个圈，一个大圈，一个小圈。学生不解，又问孔子什么意思。孔子说："大圈是我，小圈是你。圈子里面是你所学的东西，圈子外面是你未知的世界，无穷无尽。知道得越多，圈子就会越大，与外面的接触面积也越大，于是就会越来越觉得自己无知。"学生这时才顿悟，原来学习并不是一朝一夕就能完成的事，而是需要长久坚持。

学习并不是单纯让我们念书，而是从各方面去领悟。好比阅读，阅读的意义不在于看书的多少，而在于看书明白了多少。生活中我们可以从各方面发现自己的不足，从而完善自己。正如培根所说："读书不是为了雄辩和驳斥，也不是为了轻信和盲从，而是为了思考和权衡。"读书补天然之不足，经验又补读书之不足。读史使人明智，读诗使人灵秀，数学使人周密，科学使人深刻，伦理学使人庄重，逻辑修辞使人善辩，凡有所学，皆成性格。学习的作用就是充实自己，社会在进步，我们需要与时俱进，需要不断充实自己，所以我们需要不断学习。

比方说，有时候你会发现，某些话不多的人很容易受到他人的欢迎，这是为什么？一个优秀的谈话者是会通过他人的言行举止去发现他人的闪光点。假如我们也想成为人缘好的人，首先我们要学会聆听，我们要学会通过聆听去了解谈话对象的生活，并用他们感兴趣的话题来打动他们。这就是一种学习，我们通过学习他人的优点，来弥补自己的短处，达到完善自我的目的。

人生应该是不断学习的过程，持续学习，与社会共同进步，才能更好地活下去。人的成长和前进的道路是个不断学习的过程，唯有不断学习才能保持大脑清醒，有效提高知识的高度和宽度，进而增加人生的智慧！因为学习，所以我们有了进步的可能。

王石，一位极具传奇色彩的企业家。六十多岁的他不仅和万科联系在一起，还与哈佛、剑桥等名校联系在一起。王石最开始创业的目的就是为了出国留学，2010年，快六十岁的王石才真正圆梦。当时六十岁的王石说，游学要先过语言关。去美国后的第一学期，王石基本上在语言学校度过，和一帮十六七岁的小孩一起学英语。王石觉得自己"简直就是蠢材，什么都不懂，连基本沟通都成问题。那段时间他心里焦虑极了，每天晚上翻来覆去睡不着，满脑子都是自己听不懂话，说不了话的场景"。他甚至开始怀疑自己到底应不应该来这里，他的自信心都快被摧毁了。

好在他足够有毅力，经过一个学期的煎熬，直到第二学期王石才开始进入状态。他想通过学习去改变自己固有的思维，于是他去听五花八门的讲座，也选了三门大家讲授的课程，一门讲宗教如何影响资本主义思维方式，一门讲资本主义思想史，只有一门城市规划和发展与他自己的老本行有关。

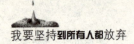

除此之外，王石在学习之外的生活也面临不小的挑战。自己多年没有操心过的事让他手足无措，他得重新学习该如何生活，比如如何办理一张信用卡。王石在哈佛学习，一待就是三年之久，之后他又赴剑桥大学进行访学。在辗转到剑桥做访问学者后，他说："在哈佛的学习，最大的收获就是让我学会了交流，到了剑桥，我才真正进入学习状态，每天都感到时间不够用，每天都有收获，这种状态非常棒，让我觉得如沐春风。"

留学归来的王石说："学习是一个人充实自己和提高自己的捷径，过去企业的发展思路和现在企业的发展思路是不一样的，这是过去没有细致思考过的。"这是留学带给王石的思维转变，也是学习给王石思想上带来的进步。

只有不断学习，人才会进步；只有不断学习，思想才会有本质的变化。假如你现在是一名负责煮咖啡的服务生，当你满足现状，甘愿做一个一直重复煮咖啡的服务生，那你永远也只是一个服务生。当你开始学习如何煮咖啡口感最好时，你会变成一个资历深厚的咖啡师。当你开始学习如何劝导客人购买咖啡时，那你会变成一个销售者。当你开始学习如何管理一个团队，如何处理店内各种事物时，你会变成一个团队的领导者。学习是人生进步的基础，因为学习我们的生活更充实，因为学习我们更明理，因为学习我们更睿智。学习会使你获得许多你成长所必需的"能源"，学习会给你带来更多的希望，学习会让你拥有更多的"资本"。

但与此同时，学习也需要你付出时间、心血和汗水。但学习也是一架天平，一边是付出，一边是收获，少付出少收获，多付出多收获，不劳必定一无所获！学习是我们进步的力量，它永远激励我们不断追求、不断探索。学习是把知识、能力、思维方法等转化为你的私有产权的重要手段，是"公有转私"的重要途径。你的一生，无法离开学习，学习是你最忠实的朋友，它会听你的召唤，它会帮助你走向一个又一个成功。只有持之以恒，不断开拓知识的领域，才能武装自己的头脑，成为自己的主宰，成就自己的人生！

二、善于收集零碎时间

古人说，一寸光阴一寸金，寸金难买寸光阴。确实如此，时间宝贵而易逝，你若不抓紧时间，那时间便从你的指尖飞逝。鲁迅认为的时间是，天天得到的都是二十四小时，可是一天的时间给勤勉的人带来聪明和气力，给懒散的人只留下一片悔恨。我们是一群在和时间赛跑的人，人生的旅途终有尽头，生命终究会走向终点，时间就像一个一去不复返的小鸟，它不会在原地等你。时间是美好的，也是残酷的。热爱时间就是热爱生命，我们要想比别人拥有更多就必须抓紧零碎的时间，所以善于收集零碎的时间就显得尤为重要。

赫胥黎曾说："时间最不偏私，给任何人都是二十四小时；时间也最偏私，给任何人都不是二十四小时。"只要我们抓紧时间，那些看似不起眼的零碎时间也能让我们办成一件大事。比方说，我们每天在吃完午饭和晚饭的间隙，尝试去读一两本书，坚持一个月之后，你会发现你已经爱上了看书，爱上了阅读。抑或是在我们每天早上挤公交的时间，尝试在公交上练习英语听力，一个月之后，你会发现自己的听力比以前好了很多。零碎的时间就像是一小块磁铁，只要我们善于利用它，总会有所收获。我们要学会做时间的主人，不要因为生活琐事而放弃利用好自己的时间。

时间不是商品，它丝毫没有弹性，昨天的时间过去了，永远不再回来。所以，时间永远是最短缺的东西。古人说："少壮不努力，老大徒伤悲。"事实确实就是这样，我们的时间就是最宝贵的东西，每一分每一秒都很珍贵。古人欧阳修就曾利用睡觉前的时间、骑马的时间和上厕所的时间来读书、思考。实际上大凡古今中外有所成就的名人名家，无一不是善于利用零碎时间的高手。对于生活和工作中的零碎时间，每个人都有选择做与不做、做什么的权利和自由，但选择不同的路，将有全然不同的结果。所以，看一个人能否有所成就，只要看看他零碎时间在干什么，基本上就可以得出结论了。

善于利用零碎的时间，积少成多，自然会达到从量变到质变的效果。小文是个刚进公司的新员工，因为刚参加工作没多久，工作没有头绪，也没有人带着，以致在工作的时间里，几乎做不了什么像样的事，整日浑浑噩噩，浪费了很多时光。他有些厌倦这样的工作状态，于是开始做点自己想做的事，学习想要学习的东西。一开始他并没有很大改善，时光还是就这样不知不觉浪费了很多。直到有一天晚上，他无意间，翻到了一篇美国人写的励志文章。那本书似乎给他带来了灵感，那个美国人一年四季都很忙，在全球各地飞来飞去，到处出差，做演讲，做项目。出人意料的是，

他每年都写两到三本书。为何在这么忙碌的情况下，他每年还有时间写书？小文深有感触，此后，他开始训练自己，充分利用各种琐碎的时间做自己想做的事，学自己想学的东西。等车的时候，吃饭之后的空隙，乃至工作之后的休息时间……小文将这些过去从没认为是时间的时间，点点滴滴集中起来，竟然感到从未有过的充实和快乐。

善于收集零碎时间，首先需要一双善于发现的眼睛。快速的生活节奏时常让人忙得焦头烂额，一双善于发现的眼睛是我们生活的"点睛之笔"。每个人的时间都是有限的，一双善于发现的眼睛会给我们带来不一样的机遇。2007年，甘相伟专科毕业，从湖北山区来到北京大学，成为一名在北大西门站岗的保安小哥。到了北大，甘相伟看着每天来来往往的学生，很是羡慕，渐渐地他也想做点什么了。他想继续深造，这无疑对他是一个考验，保安的工作并不轻松，每天都要站岗，哪里来的时间学习？

思来想去，也只有晚上的时间能利用，于是为了实现梦想，他白天工作、听课，晚上便奋力读书、写作。每天工作结束，甘相伟便换下保安服，那时的他已然是一个求知的学生，他就这样一直坚持着、努力着。终于在2008年的时候，甘相伟考上北京大学为后勤人员开设的平民学校。保安队有近五百人，每年只有二十个名额。接着他又通过成人高考，成为北京大学中文系的学生。五年来，甘相伟一直坚持着自己的梦想。他渴望知识，渴望学习，渴望改变自己的命运。他白天是北大校园的保安，晚上是北大校园求知的学生。通过自己的努力，他最终实现了梦想。不仅如此，他还利用闲暇去记下别人口中的书籍，抽出时间去看书，这为他后来的成功打下坚实的基础。

加拿大临床医学家、医学教育家和医学活动家奥斯勒，也是利用业余时间做出成就的典范。他不仅发现了第三种血细胞，还写出了多本医学著作。为了从繁忙的工作中挤出时间读书，他规定自己在睡觉之前必须读 15 分钟的书。不管忙碌到多晚，都坚持这一习惯不改变。这个习惯他整整坚持了半个世纪，共读了 1000 多本书，这对他自己编著书籍有很大的帮助。

我们每天的时间都被工作和生活琐事填满，整块的时间段少之又少，但零碎的时间确实很多。零碎的时间看起来很少，但是积少成多，必定会对我们产生很大的作用。

许文杰，一位摄影爱好者。身材高大的他总戴着一副黑框眼镜，看起来很文艺的样子。许文杰说，近年来，他拍摄了多部反映儿童和乡村文化的微电影在网上播放，受到当地群众的欢迎。而他走上拍摄微电影之路既是爱好，也是赶上了一个时机。许文杰通过网络观看了许多部微电影之后开始对摄影感兴趣，而恰巧在 2008 年的时候，可以拍摄高清视频的单反相机售价也开始平民化，他便趁着这个机会购置了一台。2010 年，正好他有一个教美术课的朋友在玩微电影，于是他就跟着学，边学边拍，掌握了微电影拍摄的技巧。从此以后，他便利用业余时间走遍当地各个乡村，积累了很多素材。他在学校里还建了一个微电影拍摄基地，课余时间与学生一起搞创作。到 2012 年，他完成了三部微电影的制作。如今他越来越被当地人熟知，自己也越来越有成就感，但他仍旧努力着，他希望自己能做得更多，做得更好。徐文杰业余时间学习摄影对他大有裨益，他无疑是接近梦想的，几年的努力让他一步一步走得更坚定，对他来说，摄影会和他终身相伴。

汉代官员张衡，喜欢利用琐碎的时间进行研究发明，这让他在仕途之外又有极大的建树，他制作的地动仪至今被人称颂。《甄嬛传》的作者吴

雪岚，本职工作是一名中学教师，但是她热爱写作，在其业余时间写成的小说《甄嬛传》荣获多个奖项，被誉为"后宫小说巅峰之作"。她利用她工作之外的闲暇时间进行创作，获得了小说创作方面的成就，改写了她普通教师的人生。

一个已经成为会计师的同学告诉我，她很开心她能实现自己人生的第一个目标。我通过和她谈话知道，她并不是学会计出身，但她的兴趣支撑着她一直坚持。她利用空余时间学习会计知识，用空余时间去实习，最后在大家都中规中矩走向工作岗位时，她悄然实现了自己的梦想。

零散的时间是我们发展自我的另一条道路，人与人之间的差距就在于选择如何利用琐碎的时间，善于利用零散时间的人能成大事，而不善于利用零散时间的人则会碌碌无为。也许你曾羡慕过别人的成功，也许你曾抱怨过工作的不如意，可是你有没有想过，平庸与卓越完全取决于自己。我们没有大把时间去浪费，我见过很多人一边工作，一边追逐自己的梦想，这样的生活或许有些劳累，但却非常充实。王江明在工作之余研究计算机，在别人都用在娱乐消遣的时候，他已经慢慢开启人生的另一扇门。几年后，他成为了中国最早的反病毒专家，并创办了自己的公司，而他的同事们，却仍旧待在原地，没有太大的变化。

时间是宝贵的，有效利用时间，充分利用零散时间，决定着我们人生的高度。有人说人一生有一半的时间在睡觉，留给我们的只有另一半时间。在另一半时间里，我们需要耗费大部分时间去工作，剩余的小部分则是我们生活中零散的时间。我们不能控制时间的长度，但我们可以充分利用它，打破时间给我们带来的局限性。要知道时间的长短和价值并不是对等的，短暂的 10 分钟很有可能会给你带来意想不到的收获，片刻的时间会比你一天的时间更有价值，利用好生活中零散的时间，或许你的未来因它而不同。

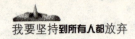

三、宁精勿杂，宁专勿多

　　韩愈曾说："闻道有先后，术业有专攻。"这告诉我们上天创造了我们，也给我们留了一把开启未来的钥匙。每个人的钥匙都不一样，所以我们擅长的也都不一样。有些人擅长写作，有些人擅长交际，有些人擅长思考，有些人擅长行动。

　　《吕氏春秋·古乐》就记载过这样一件事，传说凤岭是凤凰经常出没的地方，当年黄帝命伶伦作乐律，伶伦用懈谷之竹做成竹管，在管上凿了几个洞。最开始的时候，这个竹管吹出来的音调没有阴阳之分，根本不成音律。人们讽刺伶伦说："你看你根本就没有能力做好这件事，你吹出来的音乐那么难听，真是让人难受，趁早放弃吧！"黄帝听说了，却并不责备他，反倒每次都对他多加鼓励。他对伶伦说："你对音乐很擅长，我相信你一定可以的。"伶伦听到黄帝的鼓励，惭愧地对黄帝说："我三年没有制成音律，这已是很大的罪过，黄帝还这样鼓励我。"黄帝又安慰他道："这本就是一件很有意思的事，怎么会是罪过呢？"说完又鼓励了他才离开。有一天，伶伦独自一人来到凤岭，被美妙的凤凰声打动，从此他便时常来凤岭听凤凰鸣叫。伶伦根据凤凰鸣叫的两个六声，经过长时间的揣摩、推敲，终于创制出音乐上的12音律。这个故事里，伶伦和黄帝都是成功的，他们都用自己擅长的事促进了12音律的形成。黄帝知人善用，知道该如何鼓励下属；伶伦善于观察，敢于创新，敢于尝试。两人都把自己专长做到极致，所以两人都是成功的。

二十一岁在自家车库里成立苹果电脑公司的乔布斯，利用自己的专长发明了人类历史上第一台个人电脑。五十二岁时，他推出苹果手机，一经推出，风靡全球。在发布会上，他拿着苹果手机，对世界宣称，这将改变世界。人们只是笑笑，但事实确实如此。乔布斯一直在发挥他的长处，利用他的长处，从1984年开始，他便推出个人电脑，电脑一经推出，当即被抢购一空。而苹果手机的发布，彻底开启了智能手机的新时代，一个结合拍照、多媒体播放器和无线通信的掌上设备改变了我们的生活。苹果手机不是第一款智能手机，但它却具有划时代的意义。

倘若我们每个人将精力分散在各方面，那么我们的人生是充满矛盾的。我们的精力和时间都是有限的，不可能兼顾方方面面。好比我们要读书，但不是什么书都读，要选择适合自己的，能为自己所用的书。纵使是智者也不能做到"万能"，无所不专的人其实就是一无所专。有些人看来，各方面都涉及才是真正的成功，其实并非如此，一味广泛涉及并不能给我们带来实质性的突破。从古至今，但凡有所突破的人都是在属于自己的领域登峰造极，而不是在所有领域力求完美。我们知道韩寒文章写得好，高中时期他就有很好的文采，然而他的数学始终是他学生生涯的"噩梦"。专心致志做一件事，精益求精，这才是时代发展的需要，才能获得不平凡的成就。

俗话说，贪多嚼不烂，盲目追求数量并不会使我们有所建树，囫囵吞枣就是如此。这就如陈省身所说的"别的都不会，只会做数学"。他对于数学是不断努力，融会贯通，才达到高峰。他的成就对于那些囫囵吞枣、人云亦云、随波逐流、浅尝辄止的人来说，是比登天还难。或许，有些人还会以此为借口：他们是聪明人，有高智商，我们又怎能达到那样的成就？难道认真做一件事很难么？其实不然，难的只是我们的态度。迫切地想要成功便会"贪多"，只有放宽心态，专注于某一件事，才能有所突破。

李国修的座右铭是："人，一辈子能做好一件事就功德圆满了。"1955年李国修出生在台湾，他曾说他一辈子最想做好的事就是：开门、上台、演戏。从他十八岁加入戏剧社开始，他就无时无刻不渴望能实现自己的梦想，他专注而又勤奋，是一个很有理想的年轻人。他说他的一生只做过一件事，那就是演戏。从1984年开始，他接触演戏，被大家所熟知，到他最后离世，他一直都在演戏。曾经有人评价他有"卓别林"般的演技，可见他有多认真、多努力。他的一生是在演戏中拉开帷幕，也是在戏中落幕，可以说他是为演戏而生的一个人。

人们常说做事要专心，不能三心二意，否则就一事无成。这句话说得很对，在现实生活中，我们就应该有这种敢于专研、做事专一的精神，这样我们才能有所作为。古人告诉我们做事要专心致志，不然那后果将得不偿失。在我国的历史长河中，就有许多名人因此而成就自我。董仲舒专心读书学习，三年没有进入花园观赏一眼，最终使他成为西汉著名的思想家。

清朝初期的著名学者、史学家万斯经过长期的勤学苦读，终于成为一位通晓历史、遍览群书的著名学者，并参与了《二十四史》之《明史》的编修工作。

人的强大不是因为外表，而是因为精神。专注能成大事。当国王命阿基米德鉴定王冠是否全部由纯金制作而成的时候，阿基米德冥思苦想毫无头绪，却在沐浴之下得到了灵感。他欣喜若狂，竟忘记穿衣服便奔出。正因为他这样的专一，只在乎他心中的问题。不可否认阿基米德是成功的，他专注的研究带给世界一个新的时代、一种新的精神。

牛根生说，工作几十年来，他一直都在重复做这几件事：种草、养牛、挤奶。几十年，都这样一直重复着。很多人劝他不要再做了，可是他都拒绝了。外面的世界确实很多诱惑，可是他却选择继续坚持。最开始那几年，他们公司只做几种产品，2000 年的时候，有一次在酒泉参观一家乳制品企业，当时那家企业旗下有四十多种产品，看起来很壮观。同行的领导就批评他们，为何不做点产品出来，不然怎么进步。牛根生没有反驳，等到开会的时候，酒泉那位老板就在会议上提出，即将实现销售收入 480 万元的计划。480 万元，40 多种产品！牛根生还是没有说话，但是领导此时已经知道自己错怪了牛根生，也没有多说什么。牛根生事后向公司的员工提及这件事，越发肯定地告诉他们，唯有聚焦，才有好的发展前景。

何为聚焦？那就是专注。牛根生公司六七种产品的销售收入高达 2 个多亿；但那个酒泉的企业，40 多个产品，销售收入只有 480 万。很明显，数量多并不代表优秀。全世界每个行业都有拔尖的企业在做，倘若每个领域都去涉及，那无异于以卵击石，姑且不谈论品质的问题，甚至都不可能脱颖而出。

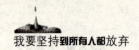

当一个人只专注于一件事时，不管身在何处，他都能坚持自我，都能完成自己想要做的事。意志坚定的居里夫人在三万公斤煤炭中，提炼出一克镭，她是成功的；震惊文坛的《浮士德》的问世，耗费了歌德六十年心血，他是值得尊敬的。因为专一精神，爱迪生越挫越勇，给人们带来了光明。这世上如果没有专一精神这把大斧为伟人们排除万难，如果没有坚强的毅力作为后盾，恐怕史册上就会消失许许多多耀眼的名字。每个人都想做一位成功者，但成功需要付出，假如我们涉及广泛，在面对困难的时候，又如何坚定地继续走下去？

成功需要百折不挠、专心致志的努力。俗话说"百事通不如一技精"，一个人为着一件事努力，最后全世界都围着你转；一个人为着所有事操心，最后全世界都会抛弃你。曹雪芹用十年的时间撰写《红楼梦》，芳名永存。唯有专注，才能得到不一样的成就。因此，做任何事只要有恒心和毅力，就能成就一番伟业。无论做什么事情必须全神贯注、认准目标、勇往直前，将它当作此时此刻最重要的事来做。恒心能通天道，勇气能开智慧门，一生不求做许多事，做好一件事就够了。

法国画家雷杜德，他一生就是画花，尤其是玫瑰。任凭外界如何评论，他只管画他的玫瑰，整整二十年，他坚持记录一百七十种玫瑰的姿容，终成《玫瑰图谱》。而他画的玫瑰成了巅峰，无人逾越。他的玫瑰图谱被誉为"最优雅的学术，最美丽的研究""玫瑰圣经"，在世界各地广为流传。宁精勿杂，宁专勿多，方可百炼成钢。确定了明确的目标，则顽强的意志力可以征服世界上任何一座高山。慕容复发誓学尽天下所有的武艺，苦练天下武林秘籍，乔峰单单只是跟着少林寺的和尚学习易筋经，然而慕容复始终不是乔峰的对手。慕容复的失败不是没有道理可寻，他学得太杂，贪图数量多，因而并没有非常擅长的一门武艺。而乔峰独专一技，学有所精，故能技高一筹，成为一代武林高手。

专注是成功的前提，我们很少见到样样精通的人，因为每学一样都要耗费我们不少精力和时间，倘若事事如此，那生活便会变得极度劳累。所有成功的人都把自己的目标看成一生要去完成的事，反观那些一生并未有所成就的人，反倒喜欢事事干涉。成功者之所以成功是因为专注，将其所有精力放在一件事上比放在多件事上更容易有突破。而专注也恰恰是很难把握的事，我们常常被生活中的琐事干扰，从而不能做到专注。人的一生中，目标不宜繁多，目标越多给自己带来的困扰越多，我们需要明确自己真正想要的目标，再经过持续的努力方能实现目标。

四、思考是行为的种子

思考是源于主体对意向信息的加工，善于思考的人是幸运的，他们拥有自己的意愿，懂得审视自身所需，不会盲目从众。思考在前，行为在后，古人云"三思而后行"，就是这个道理。克雷洛夫认为，伟大不只在事业上惊天动地，也在于时常不声不响地深思熟虑。思考是我们灵魂的激活器，没有思考的生命就如同静立的塑像，看似矫健的身姿却少了打动人心的表情。不会思考就永远学不会进步，思考是我们财富的源泉，是我们行为的先驱。会思考的人始终能从绝境中找到希望，他们能从失败中汲取教训，从挫折中领悟到生活的真谛。一个民族要想屹立在世界之巅，必须拥有属于自己的理论思考。一个人要想在生活中实现自己的目标，就必须要有自己的思考，有思考才有想法，有想法才有进步。

韩愈说："行成于思，毁于随。"一次深思熟虑，胜过千万次欠缺考虑的行动，慎思笃行，可以让我们少走弯路，做事更有效率。在生命的旅程中，思考指引着我们前进的脚步。它既影响着我们的行为，也影响着我们的判断。静心思考是一个人必须具备的良好习惯。善于思考就会拥有独立判断，就能有主见，拥有自由的想象力和迅速的行动力。可能你会疑惑，付出同样的努力，为什么有的人成就了伟业，有的人却碌碌无为一辈子？

其实，成功的机会无处不在，只是她更青睐于善于思考的人。善于思考的人，对这个世界多了份观察，对自己的生活多了份思考。解决问题能力较强的人都特别善于思考。当然，成功不是唾手可得的，也不是胡思乱想就能得到的。因此，我们在生活上要善于思考，遇到事情要勤于思考，遇到解决不了的问题，我们可以换个思路去思考，敢于思考。这个世界没有跨不过去的坎，关键是看你如何走；这个世界上没有解不开的结，关键是看你用何种方式解决。善于思考的人永远不会被困难吓倒，他们总能从绝境中看到出路，总能在黑暗中发现光明。因此，学会思考，拥有自己的思考是我们必须具备的能力。

思考是心灵成长的唯一方法，优秀的人经常思考，在思考中总结生活的经验，在思考中找到解决问题的方法，在思考中领悟奋斗的快乐。纵观千百年来的科学技术发展史，那些定理、定律、学说的发现者、创立者，都是因为喜欢思考，善于从细小、司空见惯的自然现象中看出问题，追根求源，最终找到了真理。谢皮罗教授从洗澡水的旋涡，联想到地球的自转问题，再联想到台风的方向问题，并做出了合乎逻辑的推理，这正是他善于思索的体现。魏格纳从蚯蚓的分布，推论地球上大陆和海洋的形成，他的成功正是他善于思索的体现。牛顿能从苹果落到地上这一现象思考到万有引力，霍金能从思考中推测出宇宙黑洞，这些名人都是因为他们善于思考而获得成功，他们能从平常的事物思考出更深层次的内容，这就是他们成功的秘诀。

你通常会发现，公司里混得风生水起的人，通常都很善于思考。当然假如你并没有留意到这些细节，那就是一种可惜。我见过做学徒的人，十年如一日地坚持，最终他成了当地销售总店的总经理。或许他并没有其他人那么出色，但他确实做到了自己的极限。高中毕业后便开始去汽车修理店当学徒，从什么都不懂的懵懂孩子，变为现在能力极强的达人，他的每一步都走得很扎实。以前见他总是爱打听，后来才知道那是他在学习，有什么难以解决的问题，他都会虚心跑去请教他人。后来他见自己事业有了起色，便开始自学，将自己不会的技能都学一遍，做到真正学明白。他总爱思考问题的起因，这一点现在很多年轻人都做不到。老板对他越来越器重，哪怕他的文凭并不高，但是这些老板已经不在乎了。

真正的思考既是对自我的反省，也是一种思想层面的创新。所谓生活经验就是我们在受到挫折时，对前因后果的一种总结和判断，我们反省自己做法是否恰当，反省该如何规避风险，如何才能做得更好。一百多年前康德说过一切哲学始于批判，而最早的批判性思考先驱当数苏格拉底。他指出未经审视的人生不值得一活，不过却被政客与群众合谋处以极刑。直到苏格拉底死后 1400 多年，被质疑的观念才初步被高等学府以及精英阶层所接受。到了 18 世纪终于有了突破。经过培根、笛卡尔、洛克、霍布斯、伏尔泰等人的持续努力，"怀疑一切"这个口号才具有了正当性。

如今社会将真正的思考理解为批判性的思考模式，也就是一种反思的能力。创新是我们从不同角度去思考问题，不按惯性思维考虑问题。这样的思考才能让人从中受益，才能让人从失败中获取经验。一个人思维能力的大小，主要取决于思考的广度和深度。优良的思考能使复杂的问题变得简单，也能从平凡的事物中发现神奇。思考能使看似复杂的事物变得简单，也能使看似枯燥的事物变得有趣。拿破仑·希尔说，思考能够拯救一个人的命运。确实是这样，思考能带给我们无限灵感和新奇创意，拥有思考就是拥有完整的自我，在安逸中思考潜藏的危机，在危机中思考暗藏的生机。生活并不会对我们太过苛责，只要我们愿意去思考，勤于思考，始终都会看到光明。

人因为思考而强大。有人说，一念天堂，一念地狱，思考决定了人生的高度。成功人士和失败者的差别在于，他们思想观念的不同，也就是他们看待事物有不同的眼光，有自己不同的思考。成功人士积极思考，总能绝处逢生；失败者则相反，总是受到自己狭隘的思想限制。在特定环境中，人们最后的自由就是思考。不同的思考带来不同的态度，我们的态度极大地影响着我们的生活，积极思考则是我们在困窘之地的决胜法宝。每个人都会遇到困难，但并不是每个人都能保持积极思考的态度。不去进行思考，就会被生活淘汰。相反，积极思考会为我们找寻出路，会为我们架起通往成功的大桥。

16岁的安德鲁·卡内基擅长思考，勇敢而又富有想法，所以在铁路管理局遇到突发事件时，能迅速做出决断，挽回了损失。他的领导起初并不知道他，但却因为那次突发事件对他重视起来。不久，领导升迁至新的岗位，卡内基非常渴望追随他，却遭到了拒绝。领导拍拍他的肩膀，意味深长地说道："你的才能远非做个电报员，我已推荐你去宾夕法尼亚担任局长。"领导的眼光果然没有错，卡内基在后来又进入钢铁行业大获成功，终成一代"钢铁大王"。一个人是否有悟性，就是指这个人是否有敏捷的思考能力。

卡内基年纪轻轻就能做出常人不敢做的决断，这需要勇气，需要非同常人的思考能力。卡内基的成功并不是个巧合，他思考的高度决定了他人生的高度，他的成功并不意外。

当代社会各行各业竞争讲究的是人才。何为人才？是学历高还是经验丰富？真正的人才不一定学历高，也不一定经验丰富。高学历并不代表高能力，经验丰富并不代表能力强。能力强的人，哪怕是从事自己以前完全没有接触过的事情也一样从容。他们懂得思考，知道培养自己的学习能力，目光长远，考虑周到。而那些目光狭隘，做事总爱半途而废的人，只会原地不动，浑浑噩噩度过一生。

日本有位创造学家因为看到母亲艰苦的倒酱油的情景，触发灵感使他决定要创造自动吸油泵。为了让母亲不那么辛苦，这位发明家开始思考该如何解决问题，他每日去图书馆查阅书籍，想从中获得启迪，可是一直没有进展。直到有一天，他突然看到自来水笔的墨水吸取管，他突然来了灵感，找到了解决问题的方法。

以前所使用的自来水笔与现在的不一样。那时候自来水笔里灌墨水的方法和现在大不相同，首先用一个带橡皮球的玻璃吸管从墨水瓶吸取墨水后，再将玻璃管里的墨水吸入到自来水笔内。想到这里，他突然意识到，或许找到了解决问题的方法。经过多次的改造、试验总结，克服了许多困难，他终于成功地使吸上来的液体不再倒流回去，并能顺利地连续流动。四十多年来，这项发明一直被沿用至今。

思考是我们成功的钥匙，没有思考，你离成功的距离永远都不会拉近。我第一次独立做一个项目的时候，就因为不善于思考，被领导从台上直接"轰"了下来。当时的我满脸通红，对领导心存不满。领导说："你这个计划根本不适合我们，难道你事先就没做过调研吗？这么荒唐的事也能做出来！"我被训得无地自容，只得硬着头皮一直待在原地认错。我相信很多人都有被领导训斥的经历，这种感觉并不好。我的同事私下和我说，我确实看起来像没有做过准备的样子，那些数据都是无关紧要的数据，结论也是无关紧要的结论。后来我又反复琢磨我的方案，发现确实有很多漏洞。我虽然觉得挨训是件很丢脸的事，但我也庆幸当初领导对我的高要求，让我认清自己的不足。从那以后我总在问自己，是否做事前思考过，这样的习惯一直保留至今。

　　思考是帮助人们认识到自己的缺点、不断完善自己的宝物，爱思考的人，往往更容易获得成功或者成功的机会。因为他们能从多个角度看待事物，从而考虑问题更加全面，做起事来，方向也更明确。而忽略思考的人，对待事物总是很随意，容易受习惯和个人性格趋向的影响，不能进行正确判断，从而导致不必要的麻烦或损失。思考是我们灵魂的精髓所在，如果人们失去了思考，那么失败者永远得不到进步，成功者也变得愚昧，世界都会在枯燥与单调中灭亡。我们需要思考性地看待每一天，或许你会发现不一样的自己，充满希望的明天。

成就自我要先做好自己

Chapter6 第六章

一、积极地应对挑战

这个世界上，没有谁的一生是一帆风顺的，在人的生命长河里总会出现这样、那样不如意的挫折与困难，有的人会跨越那些挫折，一往无前；有的人会就此颓废，一蹶不振。不同的结果取决于你以怎样的心态去面对现实中的挫折与困难，成功者在挫折中仍旧能看到希望，失败者在挫折中只能感到绝望和沮丧。有人可能会疑惑，世界上为什么会有成功和失败之分呢？人从生命的开始到生命的结束，上帝赋予我们每个人的机会是同等的。唯一不同的是他们的心态，心态决定一切。不良的心态、消极的态度会让人止步不前，而思想积极向上、勇于追求目标的人将会改变一生的命运。

要相信每个人都有自己的理想和奋斗目标，只要我们每个人坚持不懈地严格要求自己，朝着那个目标去奋斗，总有一天会成功。要相信滴水能穿石，要相信积极乐观能带给我们不一样的世界。当你悲观消极地去看待这个世界，所有的困难都是你的拦路虎；当你乐观积极地看待这个世界，所有的挫折都是你登上高峰的垫脚石。一个心态积极的人并不否认消极因素的存在，他只是学会了不让自己沉溺其中。积极的心态能使一个懦夫成为英雄，使柔弱变为坚强。在看待事物时，应考虑生活中既有好的一面，也有坏的一面，但唯有积极的态度才能产生良好的愿望与结果。

美国亿万富翁、工业家卡内基说过："一个对自己的内心有完全支配能力的人，对他自己有权获得的任何其他东西也会有支配能力。"当我们开始运用积极的心态并把自己看成成功者时，我们就开始成功了。积极乐观是我们成功的种子，我们需要不断给这些种子浇水，给幼苗培土施肥，才能有所收获。反观消极的心态就是田地里的野草，它们会夺去土壤的养分，抑制种子的生长。拿破仑·希尔年轻的时候曾想过做一名作家，他很清楚自己的现状。他小时候家里很穷，所接受的教育并不完整，所以要达到这个目标，他必须精于遣词造句。但他所处的条件并不允许他这么做。他身边的朋友也劝他放弃这个梦想，觉得这根本就是痴人说梦。但年轻的希尔不这么认为，他开始学着存钱，下定决心要买一本最好的、最完备的字典。到后来，他真的出版了书，实现了他儿时的梦想。在他的人生词典里，从未有过"不可能"这个词，他将他的事业都建立在这个基础上。天道酬勤，只要你的意志不认输，没有什么能够打倒你。

当情绪低落时，不要忘记生活中的美好，积极地面对挑战。人生就是一个笑泪交织的过程，成与败往往是一线之差，用乐观的态度，面对人生中各种考验。在绝望中用不息的梦想，为自己点亮希望的蜡烛；在最艰难的时候，用意念中告诉自己，没有挫折就没有成功，一切会好起来的；

在失望中，挥动乐观的翅膀，飞过黑暗，带着自己飞到春暖花开的地方。妮可·凯利摘得"美国小姐"爱荷华州分赛区桂冠，成为新一届的"爱荷华小姐"。令大家没有想到的是，这位选美冠军是一名残疾人，左臂只有半截，但舞台上的她看起来是如此自信。二十三年前，小凯利出生时左臂就只有后半截。尽管如此，父母对她依旧宠爱有加，由此也让凯利养成了活泼乐观的性格。小时候的她就异常乐观，面对小伙伴们异样的眼光，她总是微笑面对。就是因为她的这种积极的生活态度，让她在舞台上大放异彩。

保持良好的心态，去面对身边的人或事，世界并没有想象中的那样差劲。在工作当中不管遇到什么样的挫折与困难，首先我们要摆正心态，勇敢面对，尽力去解决问题，而不是一味地去推卸责任，不敢面对现实。俗话说得好，成功的人找方法，失败的人找借口。所以我们应该用一种积极的态度去看待事物，总结经验教训，以免犯同样的错误。积极的态度要求我们在工作当中面对身边的人和事要注重细节，不要太过于情绪化。就算是在生活中，我们看待事物的态度也要积极乐观，切莫消极懈怠。外界很多东西我们改变不了，唯一能改变的就是我们自己。积极地面对生活中的各种困难，明确自己的目标，用我们内在强大的力量去战胜苦难，用奋斗去战胜挫折，当你回首这段往事，你会感激这样美好的自己。

王志东，广东省东莞人，是新浪网的创始人。他是业界公认的"IT大王"，是第一个写出Windows中文平台的程序员。让人没有想到的是，他在考入北大之前曾在鸭场做零工。他曾领导新浪成为全球最大中文门户网站并在纳斯达克成功上市，现任北京点击科技有限公司董事长兼总裁。从北大方正到新浪，再到点击科技有限公司，王志东一路走来，有过辉煌，到过低谷，但没有放弃自我，坚持下来了。

2001 年，王志东创立了北京点击科技有限公司，重新走上创业之路。经历了许多挫折，重振双翅的王志东选择从零开始。他的坚持不是要向谁证明，只是为了自己心中的梦想。他只想做回自己，做自己喜欢的事。时过境迁，披荆斩棘的王志东开始新的人生之旅。挥别了新浪的王志东，携 Lava — Lava 重出江湖，他相信他的未来在明天！

童年本应是无忧无虑的快乐时光，可是幼小的罗伯特·巴雷尼却患上了一种名叫骨结核的病。由于发现不及时，加上家里贫困，未能得到良好的治疗，导致膝盖永久僵硬，成了残疾人。随着年龄的增长，巴雷尼越发对自己感到失望，他不能像别的孩子一样在操场上奔跑，甚至都不能靠自己行走。他的母亲见状很是心疼，不断鼓励他。年幼的他终于明白，只有努力才能弥补身体上的不足，于是他不再轻视自己，也不再抱怨上天，他相信自己可以改变自己。世上之事，没有绝对的可能，但也没有绝对的不可能。因为巴雷尼的积极乐观，他一直奋斗着，最终他荣获诺贝尔生理学或医学奖，而他身体的缺陷，早已不是那个阻碍他进步的障碍了。

既然我们不能躲避即将下雨的天气，那就让暴风雨来得更猛烈些吧！你可知千锤百炼，方能成钢；翻滚的巨浪，是大海壮观的气势；飞沙的狂舞，是沙漠的姿态。把心胸敞开，让宽容和豁达回归，活出一种力量，相信会得到生活的眷顾。面对挫折要善于调控情绪，保持头脑冷静，进行合理归因。只要心怀坦荡，积极乐观，发奋图强，命运定不负有心人，坚持终会赢得胜利！

肯德基连锁店的创始人在 65 岁时还一事无成，孑然一身，靠救济金生活。但他却心怀梦想，拿着炸鸡秘方四处游说。他告诉每家餐馆，如果

能采用这个秘方，相信生意一定能够提升。他希望从增加的营业额中分成。很多人当面嘲笑他："得了吧，老家伙，要是有这么好的秘方，你怎么还会在这里？"这些话并没有让他打退堂鼓，他也从不为前一家餐馆的拒绝而产生退意，依然乐观地开着他那破旧的老爷车，用更加有效的方法游说下一家餐馆。到了第 1009 次拒绝之后，他终于听到了一声"同意"。

马云说，今天很残酷，明天更残酷，后天很美好，但是绝大部分人是死在明天晚上，只有那些真正的英雄才能见到后天的太阳。他第一次高考落榜后想去找工作，统统因为外貌而被拒绝。海博翻译社是马云最初的创业，马云为了支撑它，卖过袜子，也上门推销过。阿里巴巴团队在北京创业的失败，意味着马云连续 4 次创业失败。但马云决定回杭州再次创业，他看准了市场和商机，对他来说，他只需要一个机会。

创业的日子并不好过，阿里巴巴最窘迫时银行里只有 200 元。那时跟着马云创业的人都没有抱怨，大家都是因为有同样的创业梦才走到一起，所以更不能因为挫折而随意放弃。阿里巴巴能有现在如此大的成绩，是因为马云和他一同的创业者的不懈努力，他们坚信自己能够成功，哪怕在创立初期被人封杀，被人恶意造谣，他们都积极应对这些难捱的时期，终于他们站起来了。如今的阿里巴巴已然改变了我们的生活，给我们带来了新的生活节奏和生活方式，我想，他们不仅是成功者，还是时代的带动者。

其实生活就是这样，不因人的意志而转移。面对挫折和失败，要换个角度、方式思考，去感受到事物积极的一面。积极地面对苦难和挫折，才能更好地解决问题，才能改变现状。成功的路还很远，别因为跌倒而彷徨，别因为失败而沮丧，美好的日子就在前方。

生活中有痛苦和烦恼，要学会自我疏导和调节，向朋友或同学倾诉，学会缓解压抑的心情，减轻痛苦。或者当情绪不佳的时候，换一个能使自己心情好转的情景，将怒气和悲痛转化为动力，以更强的信心去追求。每个人在冷静地回首自己的人生境遇之后都会明白，在生命的旅途中不仅仅有鲜花和掌声，也有汗水与泪水。积极应对挑战，要在困难中找到开启未来之门的钥匙，我们需要每时每刻都保持乐观、开阔的胸襟。只有我们微笑着面对挫折和失败，才能更好地应对，才能在挫折和失败中磨练自己，重新扬起生命之帆。

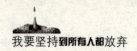

二、品质成就未来

一个成功的人必然拥有可贵的品质，品质是一个人值得被信任、被尊敬的标签，唯有品质才能成就一个真正意义上的成功者。品质的好坏决定一个人能否在人生路上走得更顺畅。得道者多助，失道者寡助。一个人若想成功，外界的力量是不可缺少的，美好的品质会为你带来志同道合的朋友，给你带来被人信赖的厚重感，这些都是你生命中的巨大财富。

穆罕默德·阿里是美国著名的拳王，还拥有着强大的战略意识和语言天分。1960 年，18 岁的阿里征战罗马奥运赛场，在 81 公斤级的比赛中三战全胜，顺利进入决赛，获得了当年冠军金手套。在阿里的职业生涯里，他一直刻苦训练并取得的成就让人望而兴叹，似乎从未被超越。1984 年，阿里被查出患有帕金森综合征，这是他在职业拳击生涯中头部多次受到重击所留下的后遗症。

据统计，阿里的头部一共受到过 29000 多次重拳打击。退役后的阿里依旧没有选择清闲下来，在阿富汗、古巴这些充满了战乱与灾难的地方，都有阿里的身影。退役后的阿里当选联合国的和平大使，投身公益事业。1996 年，亚特兰大奥运会上，拳王阿里克服帕金森综合征的病痛，用颤抖的双手点燃了开幕式的主火炬，当火焰燃起，阿里满脸洋溢灿烂的笑容。阿里的伟大除了他让人瞩目的成就，还有他那顽强的意志力。身患重病却仍旧在贡献着自己的一份力量，即使是颤抖着双手，他也想用自己的力量传递心中的希望。

俗话说，人无德不立，国无德不兴。真正的成功者都有着美好的品质。俞敏洪开办新东方的时候，他的那些美国留学的朋友都回来帮他，这是为什么？并不是因为他给了他们多少报酬，而是因为他的朋友在他身上看到了他美好的品质，坚信俞敏洪能够做成一番事业，坚信俞敏洪一定会带着他们闯出一片天地。俞敏洪正是用他正直、善良、勤劳和坚毅打动了他的朋友，用他自己的话来说，就是"帮人打了整个大学的热水"。见微知著，小事尚且如此，更何况大事。俞敏洪在各高校演讲的时候，都提到过帮助过他的朋友们，他没有一刻不在感恩。

人品就像火车的方向，一个人若没有良好的品质，即便他再如何有能力，最终会脱轨。良好的品质比智慧更加重要，俞敏洪考了三次高考才进入北大，他进班的时候成绩并不凸显，同样的事，他要比别人多付出几倍的心思才能学会。很明显，他并没有身边的人优秀。但他最终能成就一番事业，曾经比他聪明、比他优秀的人反倒来帮助他，这就是品质带来的好处。有怎样的品质，就能带来怎样的生命质量和工作质量。美好的品质是行走的通行证，无论你做什么，总会因为它而受益匪浅。美好的品质总能爆发

出坚韧的内在力量，不易被困难打倒，也不易被自己打倒。

牛根生坚信"小胜凭智，大胜靠德"。牛根生在蒙牛任职期间，他将自己80%的年薪发放给了员工、合作伙伴和困难群众。在他看来，唯有"舍得"，才能汇聚人才。他的前半生，通过成就自己来帮助别人，后半生通过成就别人来帮助自己。这就是牛根生，一个企业家，一个慈善家。

现在社会有能力的人很多，但是拥有美好品质的人不多。美好的品质能形成稳固的信念，给予我们坚强的精神支柱。拥有美好的品质能让我们更有原则，更有责任心，离成功更近。

沃尔顿年轻时凭借自己的努力考上了著名的耶鲁大学，然而家里实在是太贫穷，他决定趁假期去打工，用赚来的钱交学费。有一次经过自我推荐，沃尔顿接到了为一栋大房子做油漆的业务。在工作中，沃尔顿一丝不苟，他认真和负责的态度让几次来查验的迈克尔感到满意。可是事情并非如想象中顺利，在这栋房子只差最后一面墙就完工的时候，沃尔顿不小心犯了一个错误。当时他拆下一扇门板，刷完最后一遍漆，不小心将门板碰到墙壁。于是，干净洁白的墙壁上顿时出现了油漆的痕迹。沃尔顿立即用切刀把漆印切掉，又调了些涂料补上。可是做好这些后，墙壁上还是能看见印记。

沃尔顿觉得不能就这样敷衍了事，于是他又自费重新修补，可是还是不行，于是沃尔顿决心重新刷一遍墙壁。迈克尔听说了沃尔顿的事，心里对他很是钦佩，表示不会追究他的责任，并赞扬了他的做法。沃尔顿没有想到，因为他的这次举动，迈克尔已经将他记住，并表示愿意赞助他读完大学。从此沃尔顿的一生改变了，毕业后的沃尔顿因为深受迈克尔的喜欢，特意招聘他进入公司，后来又将自己的女儿嫁给沃尔顿。沃尔顿起初并不敢相信是真的，但是迈克尔却很坚定，他说："你的品质让我选定了你，我相信你会有很大前途的。"果真不出迈克尔所料，十年后，他成了这家公司的董事长。而后，他建立了举世闻名的全球最大的连锁超市集团——沃尔玛。

沃尔顿凭借他美好的品质得到了迈克尔的信任。改变沃尔顿命运的并不仅仅是那一面墙，更是他对工作认真负责的态度。品质是一种内在的力量，它的存在能充分发挥作用。居里夫人在发现第一个放射性元素时，为纪念祖国波兰，把它命名为波兰的谐音"钋（Po）"。第一次世界大战爆发，法国受到德国的入侵，居里夫人在枪林弹雨中，勇敢、勤劳地工作。她一生低调勤劳，成就非凡，却选择继续过着平淡的生活，潜心从事研究。当时提炼出一克镭，价值七十五万法郎，生活并不富裕的居里夫妇却放弃申请专利致富的机会，将制镭的秘密公开，让全世界自由使用。居里夫人这样的品质得到了全世界人民的爱戴和尊敬，她是伟大的。

古时候有个商人，他腰缠万贯，但为人狡诈，斤斤计较，为了自身利益总是出尔反尔。当时和他一起做生意的人都渐渐和他疏远，但他不以为然，反倒变本加厉。有一天他带着货物乘船过河，不料到了河中央的时候，船只突然倾斜，身边的人告诉他，这船被人扎了个大窟窿，马上就要沉了。商人大吃一惊，赶忙大声呼救。有个渔夫闻声而来，商人急忙喊道："我是这里最大的商人，你若能救我，带走我的货物，我给你100两银子。"渔夫应声前去救助商人，并帮他捞起货物，不料商人被救上岸后，却翻脸不认账了。他东拉西扯地给渔夫讲了不少道理，到头来只给了渔夫10两银子。渔夫责怪他不守信，出尔反尔。商人说："你一个打鱼的，一生都挣不了几个钱，突然得十两银子还不满足吗？"渔夫只得怏怏而去。商人检查好货物，高兴地走了。不料想后来那商人又一次在原地翻船了。有人

想要前去救他，那个曾被他骗过的渔夫说："他就是那个说话不算数的人！"商人见没人愿意去救他，于是又对渔夫说了好些好话，这才被人救了上岸。商人上岸又想让渔夫帮他捞起那批货物，不料那渔夫根本不理他，径直走了。商人两次翻船而遇同一渔夫是偶然，但商人最终被人厌恶却是在意料之中。因为一个人若不守信，便会失去别人对他的信任。一旦他处于困境，便没人再愿意出手相救。后来商人因为失信了太多人，生意越做越惨淡，最终不得不关掉店铺，远走他乡。

商人不守诚信，对人不真诚，被人厌恶疏离，他最终也没能获得成功。人若想做大事，必须拥有好的品质，好的品质是人一生的招牌。大禹治水，"三过其门而不入"，正是这种公而忘私的品质，才使大禹克服种种困难，最终遏制了洪水的泛滥。苏武持汉节而不辱，坚贞不屈，百折不挠，宏扬了中华民族的气节和精神。诸葛亮"鞠躬尽瘁，死而后已"，至今为人们所称道。

托马斯·沃森一生的经历向我们演绎了一个典型的"美国梦"。沃森出生在一个贫困的家庭，是苏格兰移民的儿子。他一生没有念过几年书，十七岁时就开始做起推销员。在当时销售行业并不被人看重，年纪轻轻的他受尽白眼。可是他并没有放弃，他的父母告诉他，唯有美好的品德，才会让别人尊敬你。于是，他一直恪守这样的信念。

四十岁的时候，他开始创业，依靠自己的聪明才智和美好品德，一步一步地成为一名成功的企业家，并最终创建了著名的 IBM 公司。他不仅领导 IBM 从一个中型公司成长为世界上最大的企业之一，而且还领导着 IBM 从机械制表机进入了计算机领域，并且在这一领域称霸一时。

"大胜靠德"理在于此，品德高尚、格局大的人必定会成就一番大事业。

品德高尚必能吸引更多的人追随或者支持。格局大、品德高，决定事业的高度，而能力及运气只是成功的一部分因素。一个品德低的人，即使少年得志，达到一定高度，但以后也不会有大的进步，只会越走越低。优秀的品德是成就大事业的前提和基础。

三、热情是奇迹的缔造者

我认识一些家庭主妇，给我印象很深刻的当属两类人：一类是勤勤恳恳，做事情一丝不苟，她们不管是卧室还是客厅，都收拾得干净整洁，整个房间都显得很有条理。当然，除此之外她们做其他事也同样细心负责。她们有的人擅长做菜，有的人擅长养花，做这些事的时候她们都很认真，一副乐在其中的神态。这类人我很欣赏，因为她们并不因为家务的琐碎而觉得单调乏味，反而从中发现了不少乐趣，我相信她们的家人也受到她的影响，善于发现生活中的乐趣。

另一类人是做任何事都觉得索然无味，家里杂物乱放，房间一片狼藉，到处都是还未清洗的衣物。这类人在生活中处处抱怨，做任何事都显得敷衍了事。

两类家庭主妇对待家务的态度截然不同，对生活的态度也截然不同。

前者做事负责仔细，对生活一直拥有热情，这样的家庭会更加和睦和温馨。后者做事三心二意，甚至到最后都不愿意处理家中琐事，这样的家庭充满矛盾，处处显得不如意。

两种生活态度，两种截然不同的人生。而且上一代对下一代的影响是巨大的，孩子在充满热情的家庭中成长会更加乐观积极，做事更具有动力；相反孩子在乏味单调的家庭中成长会变得寡言少语，做事也更容易半途而废。世界本不缺乐趣，只是缺少发现乐趣的眼睛。我相信很多人都有这样的经历，当一个人在做自己喜欢做的事时，会显得十分投入，整个人从内而外地散发出欢乐的讯息，这样的情形在工作中也经常见到。而一些职员做事拖沓，性格懒散，做起事来能偷懒就偷懒，这种员工并不少见。你若问他为何这般厌倦工作，他便会用"没有动力"几个字来搪塞你。是的，没有动力确实是一个原因，但最根本的原因在于他们自身。工作本身是单调，但在积极乐观的员工身上，你却看不到懈怠和消极。为何会这样？因为消极的员工自身对生活缺少热情，对工作缺少热情。

对生活充满热情的人，无论身处何处都能积极面对，这是毋庸置疑的。面对同样的半杯水，有的人觉得沮丧，有的人觉得庆幸，这就是区别。生活本就是如此，你的工作占据了你大部分时间，你的家庭又占据了你一部分时间，属于你自己的时间少之又少。一个对生活充满热情的人，将会珍惜自己现在拥有的一切，哪怕是一份卑微的职业、一个平凡的岗位，他们也能从中发现坚持下去的乐趣。相反，一个对生活失去热情的人，会从生活中找各种理由选择放弃。生活本是一种艺术，享受这个过程，我们才会发现它的美妙之处，就好比充满热情的演讲会使人热血澎湃，枯燥乏味的陈述会使人腻味厌倦。生活如此，我们追梦也是如此。

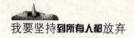

四十三岁开始创业的任正非，在不惑之年仍旧为自己的梦想奋斗着，这种精神难能可贵。1991 年 9 月，任正非租下了一层楼作为华为研制程控交换机的场所，带领着五十多名年轻员工来到这栋破旧的厂房，开始了他们艰难的创业之路。任正非几乎每天都到现场检查生产及开发进度，即便已经四十多岁，依旧充满热情。他的一腔热血也感染了手下的员工，大家都在拼搏，没有人觉得辛苦，每个人都坚定不移地努力着。直到现在，任正非依然保持饱满的热情，希望用自己的热情带动整个公司的朝气。他说："有朝气才会有希望，有热情才会有未来。"

热情带给我们旺盛的精力，消极带给我们懒散的态度。其实能不能把工作做好取决于你自己，你自己就是最大的决断者。能力不够，可以通过努力学习，赶上其他人；处世不好，可以学着改变自己，与人为善。当你有足够的热情去做一件事，那你就有足够的精力去学习、奋斗、进步。成功并不决定于你的家庭和出身，它取决于你的努力程度。你永远不知道别人有多努力，你永远不知道别人坚持了多久。成功需要努力和坚持，热情决定着你能持续多久。所以，要想成功，我们需要对生活保持足够的热情。我们热爱生活，生活才会宽待我们。

有人说，做一行爱一行。确实如此，没有谁都那么幸运可以从事自己喜欢的行业，当你从事了自己不感兴趣的行业，首先要做的就是端正你的态度。很多年轻人在学校期间表现优秀，但跨入工作岗位后却屡屡碰壁，处处不得志。这是为什么？因为他们没有做到对自身处境的适应，没有调整好心态，单纯地强迫自己适应环境并不能起到什么作用。热情是我们成功的催化剂，哪怕是处在自己不如意的境地，热情也能让我们感受到另一番乐趣。倘若你真的做不到"做一行爱一行"，那至少你要对生活充满热情，热情会牵引你走向真正属于你的那番天地。

抱怨和消极都是生活的蛀虫，它们会耗费你的精力，耗费你对生活的热情，耗费你对工作的热情，扼杀你的快乐。每个人都是自身的代言人，我们本身就是自己最好的广告。经常抱怨的人总是愁眉苦脸，在他人眼里，这类人并不适合相处。所以要想时刻保持热情，就要少抱怨，不消极。对任何人来说，抱怨和消极或多或少都存在，任何事物都有两面性，我们不能否定抱怨和消极存在的必然性，但我们能控制它们存在的比例。爱迪生试验失败了很多次，但他没有放弃，是因为热情战胜了他心中的消极；海明威投稿多次仍旧没被采用，他也很失望，但他从未放弃，这是因为他的热情战胜了他的怯意。成功的路上，或许我们会经历失败，会经历彷徨，但只要我们不失去对生活的热情，对生活仍抱有美好的希望，那我们就不会被打倒。

热情是我们事业的起点，热情是奇迹的缔造者。兼采中西艺术之长的现代绘画大师徐悲鸿，出身农村，家境清贫。他的父亲徐达章是个村塾教师，擅长画花鸟和人物。因为耳濡目染，徐悲鸿自幼便对绘画产生浓厚的兴趣。九岁他随父学画，十岁已经能做父亲的助手。十三岁时遇上大荒之年，随父走江湖，依靠卖字画为生。十九岁时父亲去世，家境愈加贫困。此后他越发专注创作，后来受人赏识，家境有所改善。1917年徐悲鸿赴日本东京研究美术。1919年赴法留学，在著名画家达仰的画室学习素描。1921年去德国，就学于画家康普的画室，次年归巴黎。

徐悲鸿一生都在不断学习，他用自己的热情创作出一幅幅名作。1953年徐悲鸿病逝，享年五十九岁。国家在北京为这位伟大的艺术家建立了徐悲鸿纪念馆，保存了他的一千余件作品。他的一生就是用热情堆砌起来的

高墙，宏伟而壮观。正是他的热情，点亮他笔下的骏马，栩栩如生，让人忍不住沉醉。因为对某事拥有热情，那便会刻苦钻研，即使是昼夜不息，也不会觉得劳累、辛苦。同样做一件事，富有热情的人就比没有热情的人更能成功。

　　1835 年，安德鲁·卡内基出生于苏格兰古都丹弗姆林，他的父亲威尔·卡内基是一个手工纺织者，母亲玛琪则以缝鞋为副业。卡内基的父母虽然给予不了他很多物质条件，却为人正直，在精神上一直支持着他。卡内基在这种环境下逐渐形成了积极进取的精神，做任何事都充满热情。后来他和家人移民到美国，那时候只有 13 岁的卡内基因为家境贫寒，不得不外出做工。因为年龄较小，最开始并没有人愿意要他，但他毫不气馁。他让父亲教他如何动手纺织，凭借自己的热情，他进入纺织厂工作。后来他又做起了信差和电报员。当时的卡内基没有因为生活的困顿而失去梦想，他似乎永远不会沮丧和难过，做事情永远很积极。领导看他态度积极，做事富有激情，于是便提拔他。那时候的卡内基只想一步一个脚印，慢慢来，没有想到正是因为他的坚持，他最终成为"钢铁大王"，建立了一个庞大的企业，成为一个时代的巨富。

　　我们发现牧师是个很枯燥的职业，但牧师自己反倒觉得每天无比充实，他们一心只想着去传播福音。每当天空泛白，他们就做好准备，用饱满的热情做着这件事。他们把自己的职业当成一种神圣的责任，并从中获得内心的满足和快乐。唐三藏西天取经，尽管历经磨难，但他心系天下苍生，用饱满的热情一直激励师徒四人，踏遍万水千山，从不觉累，从不觉不值得。孔子专心治学，诲人不倦，他日复一日，正是他的热情，吸引了座下弟子三千。他的伟大在于他的坚持，在于他的热情，在于他伟大的精神世界。

当我们还在为日复一日的工作烦恼抱怨的时候，可曾想过为何我们越来越平庸？

热情是一个人做好任何工作的关键，没有对工作的极大的热情、兴趣和专注，就很难做出大的成绩。对工作热情就意味着对工作的全身心投入，这是一种非常崇高的境界。树立自信，以积极乐观的态度去对待生活和工作。在工作中寻找乐趣，在生活中寻找乐趣，热情是成就感的源泉。热情，让我们感到精神力量倍增。因为有热情，我们看到了一个个奇迹的发生；因为有热情，我们看到生活的希望；因为有热情，我们有了坚持下去的动力；因为有热情，我们拥有了奋斗的力量。所以，我们需要培养我们的热情，在人生的路上，我相信热情会给你带来不一样的收获。

四、志不强者智不达

　　河水奔流不息，是因为它能坚持；船舶劈波斩浪，是因为它能坚持。坚持，是一个人意志的展现，是一种品质，是一种积极向上的生活态度。没有自信的人不愿坚持，没有勇气的人不敢坚持。成功没有秘诀，贵在坚持不懈。任何伟大的事业，都立足于坚持不懈。唯有坚持不懈，方能获得成功。

　　玛格丽特·米切尔一生中只发表了《飘》这部长篇巨著。她从1926年开始着力创作《飘》，十年之后，作品问世，一出版就引起了强烈的反响。时至今日它被译成18种文字，畅销全球。有位禅师曾说："人生就像马拉松赛跑，谁有毅力，谁就可以获胜！"忍耐加上恒心，就会成为毅力。毅力是一种信念，是一种精神，它使我们坚毅而不屈服地进行到底。"坚持不懈"这句话说起来简单，做起来难。人都是有惰性的，往往为偷懒找种种借口，真正能做到终生力行的人，少之又少。可是亲爱的朋友你们知道吗，任何领域的成功者都是因为拥有这种持之以恒的毅力，才有了现在的成就。不懈地坚持所产生的威力是惊人的，足以造就任何领域的大师，也足以使任何人造就奇迹。

自古成功多磨难。松下从一个平凡的人成为一个领域的标志人物，就因为他能够在逆境中抓住机遇，用永不放弃书写自己的远大理想，用执着创造了属于他的奇迹。对他而言，是坚持不懈的努力成就了他自己，是坚忍不拔的意志成就了他自己。

美国前总统罗斯福说："关于我一生经历的各种战役，人们谈论得很多。其实，最艰难的一场战役只有我一个人知道，那就是战胜自己的战役。"罗斯福认为，只有通过实践锻炼，人们才能够真正获得自制力。也只有依靠惯性和反复的自我控制训练，我们的神经才有可能得到完全的控制。从反复努力和反复训练意志的角度上而言，自制力的培养在很大程度上就是一种习惯的形成。机会总是给有准备的人的，我们能决定自己把握机会的能力，我们能决定我们做事的毅力。我们大部分人都处在平凡的岗位上，想要做出一番成就，就需要严格地要求自己，力求不断努力不断进步，坚定自己的信念不动摇，相信自己能在平凡的岗位上实现不平凡。

一个意志力坚强的人对于来自社会、工作或学习的压力都能勇敢地承担，不管遇到多少挫折和反对都能坚持下去，即使遇到巨大的阻碍也能坚持下去。很多人知道自己意志力薄弱，但却不知道该如何改变。我相信很多人都有这样一个经历，我们很容易完成一件自己喜欢做的事，很容易放弃一件我们不喜欢的事。意志力的锻炼就是从这里开始入手，要想增强我们的意志力，我们首先要从心态上开始调整。

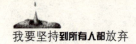

　　试想一下，二万五千里的长征尚能完成，我们完成一件事并不是很难。我们现在所做的每一件事都没有长征那么艰难，所以我们必须明白，事情并不难，是我们将困难看得太大。以一种平常心去对待，你会发现事情并非想象中那么难。其次我们需要锻炼自己做坚持不下去的事，假如你不爱看书，从现在开始，你每天抽二十分钟的时间来看一篇文章，天天如此，坚持一段时间之后，你就会发现自己并非那么厌恶看书。同时我们在锻炼自己意志力的时候，要求自己每天多坚持一下，长此以往，你会发现自己的毅力比你想象中更好。

　　1851 年阿萨·坎德勒出生在美国佐治亚州，他是家里的第八个孩子，当时正值美国战乱。南北战争之后，父亲缪尔萨·坎德勒便患上了严重的抑郁症。家里孩子众多，又没有人能担负起整个家庭的开支，于是他的家庭经济状况更加恶化。但阿萨是个很懂事的孩子，阿萨十九岁就开始在药店当学徒，以补贴家用。因为家庭经济状况不好，他将自己工作赚的钱都交给父亲，希望能为家里贡献一份力量。父亲对他很是惭愧，可是阿萨从未抱怨过，他告诉父亲，他并不觉得辛苦。

　　后来阿萨转行去做其他事，凭借其很高的商业天赋渐入佳境，一个偶然的机会他发现了一种神奇的"药水"。当时全世界都没有人知道这是什么，从来没有一种液体的味道能像它一样让人难忘和刺激。后来阿萨开始为这种"药水"做广告，并扩大生产，那种"药水"就是畅销全世界的可口可乐。阿萨凭借他的努力，创立了可口可乐公司，现在已经发展为全球十大著名企业。可口可乐品牌成了美国文化的象征，品牌价值 400 亿美元。

　　坚强的意志不是一夜间突然产生的，它在逐渐积累的过程中一步步地形成。我们切莫因为遇到挫折和失败，就选择退缩。每一次成功的实践都会使自身得到鼓舞，意志力也会随之加强。所以我们需要将目标细化，每完成一个目标都会给自己一定的动力，促使自己彻底完成这个目标。坚强的意志力不仅能战胜挫折，还能促使我们变得更加勇敢。

我曾经看见过一位老者，他每天早上都在道路两旁甩着胳膊锻炼身体。起初我并不在意，后来我发现，天天都能看见这位老人，便开始观察他。这位老人虽然年岁已大，走路明显看起来不怎么利索，但他每天都在坚持。有一天我从他旁边走过，好奇地上前问他，为何天天都能坚持来锻炼。老先生和蔼地笑着回答："我去年得了脑溢血，幸亏发现及时，没什么大碍，只是这条腿已经不能自由活动，我想看看锻炼能不能让它情况好一点。"我说："那有效果么？"老先生高兴地点点头："有啊，你看我坚持了半年，我这腿明显比以前灵活多了。"我很惊讶地看着这位老先生，为他的精神深感钦佩。老先生还告诉我，他还要继续锻炼，他想让他的腿更加灵活。原本已经麻木的腿，因为坚持锻炼也能变得灵活，老先生的意志力让人惊叹，他的乐观让人欣慰。

1951 年史铁生出生于北京。中学毕业以后，史铁生随着大部队去延安一带插队。后因双腿瘫痪于 1972 年回到北京，从此他的轮椅生涯便开始了。可是不幸又降临到他身上，几年之后他又患肾病并发展到尿毒症，靠着每周三次透析维持生命。自他患肾病以来，他便开始写作，他的一生和写作联系在一起。他用他残缺的身体，支撑起自己不朽的思想。他体验到的是病痛，但他写下的却是欢乐，他回忆过去，哪怕病痛再如何折磨他，他都坚持写作。1979 年，他下肢麻痹，肾功能受到严重破坏，紧接着他的下肢开始肌肉萎缩。病痛折磨着他的身体，但他的意志力岿然不倒。他写下了一部部充满真情的作品，他不是病人，而是个精神上的巨人。

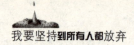

英国著名物理学家和宇宙学家霍金，患有一种不寻常的早发性、慢发性肌萎缩性脊髓侧索硬化症，这种疾病俗称渐冻症。几十年来，由于这疾病，他的身体缓慢地瘫痪。霍金在牛津大学读书的最后一年这种病就开始显露了。那时，他发现自己动作越来越笨拙，时常不知缘由地摔跤。在剑桥大学时，状况更加恶化，他的讲话有些含糊不清。二十一岁时，霍金被医生诊断患有肌萎缩性脊髓侧索硬化症，医生说他只有两年的存活时间。但是，两年光阴飞驰而去，他仍旧坚强地活着。他不能说话，不能动。时至今日他的演讲和问答只能通过语音合成器来完成，但他依旧为人类作出伟大贡献，他证明了广义相对论的奇性定理和黑洞面积定理，提出了黑洞蒸发现象和无边界的霍金宇宙模型。如今，霍金已然成为一名伟大的物理学家，被世人誉为"宇宙之王"。

霍金坚强的意志力打败了病魔，他已经过了很多个两年，尽管他不能说话，不能动，但他仍然坚持研究，坚持思考。一个全身不能动的人尚能如此，为何我们正常人就做不到坚持不懈呢？每一种积极向上的行动背后都是坚持，每一种成功的背后都是坚持。坚持的核心是要有意志力，不被困难打倒的意志力，不被挫折打败的意志力。没有意志力，甚至连小事都很难完成。意志力是我们内心积极向上的力量，虽然前方会有很多困难险阻，但是只要你坚持，只要你相信自己，你一定会有意想不到的收获。无论是古代还是现代，意志力都是失败后的自信，是面对困难的勇气，是不放弃不妥协的信念。只有意志坚强的人才能战胜一切困难，取得成功。顽强的意志力，永远是成功的保证。

Part 4
坚持到所有人都放弃

生活的转机藏在你的执念里

一、你的坚持决定着你的未来

从前，一艘渔船在海上捕鱼的时候遇到风暴，船上三名船员落水，下落不明。悲剧发生后，收到求救信号的人们赶去搜救，发现那艘船只剩下一个残骸，船上剩余的人更是不知道是生是死。搜救人员找遍附近海域都没能发现船上其他人的踪迹。四天后，寻找工作停止，失踪的船员被宣布死亡。但是，一星期后，一名船员在附近的一处海滩上奇迹般生还。几日以来，他趴在一块木板上，没有食物、没有淡水，在大海上随波漂荡着，靠岸时已经奄奄一息。当他被人发现带回家时，人们问他是如何度过那充满孤独和死亡威胁的日子，他说："因为坚持。每一个黎明，当太阳从海平线上升起的时候，我在发现自己还活着的同时，也相信自己又向陆地靠近了一些，也就是获得了更多生的希望。"靠着这份坚持，他终于被路过的船只发现。也是因为他的这份坚持，他活到了最后。

欧文·伯克斯顿曾说，如果一个人一生中只是追寻一个目标，那么他在有生之年可能会实现自己的理想。你的坚持决定着你的未来。从古至今，凡是成就大事业、大学问的人，都以勤为径，执着追求。我们每个人都有梦想，但有的人会成功，有的人会失败。世上没有真正的天才和蠢材，有的只是有没有信心实现梦想的差别。真正的天才会跨越一切困难把梦想付诸现实。失败的人所缺的是将梦想付诸实施的勇气和毅力。一个人只要认定了一个目标，就要全力以赴地朝着这个目标去努力，并且始终坚持，那么他便会取得成功。

《阿甘正传》讲述的就是这样一个故事：主人公阿甘因为和战友有个约定，他便全力以赴地去捕虾，结果成了富翁；因为深爱那个女人，他便一直等下去，一直等到她回到他的身边；只因为想跑步，他便跑遍了好几个国家，一直跑了几年。他的这些成就都是坚持的结果，尽管他天生是个智商只有75的低能儿。在学校里为了躲避别的孩子的欺负，开始学会"跑"，就这样他一直跑进了大学，并成了橄榄球巨星。大家欺负他，看不起他，但他却一直在坚持做自己要做的事。因为坚持，他改变了他的一生；因为坚持，他改变了世人对他的看法。你或许很难想象一个智力低下的孩子能有如此辉煌的成就，但事实告诉我们，只要愿意去努力，并坚持到底，即便是智力低下也能有属于自己的美好未来。

一个懂得坚持的人，能应对任何变故。就好比你坚持学习，那么你将会与时俱进，你会懂得更多的道理，会有更智慧的头脑，你的人生注定和他人是不一样的；你坚持跳舞，那你将会有优美的身姿，气质超群，哪怕你并不美丽，但你却拥有让人难忘的气质。是的，当你坚持做一件事的时候，你的生活因此而改变。你坚持积极向上，乐观洒脱，那你的生活会充满阳光；

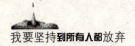

你坚持一丝不苟，做事脚踏实地，那你的工作会因此非常出色。你的坚持决定着你的未来，你的未来因为你现在的坚持而不同。

蒲松龄，曾先后参加了四次科举，却从未及第。但他并未因此颓废，而是立志要完成一部"孤愤之书"，最终，凭着自己坚持不懈的努力，完成了一部伟大的作品，那就是《聊斋志异》。落榜的蒲松龄，低智商的阿甘，他们都凭借各自的坚持创出了一片属于自己的天空，难道我们就不能通过自己坚持不懈的努力获得成功么？生命的可贵在于坚持不懈地向自己的目标努力。命运女神从来不会降临在庸人身上，她只会眷顾那些有所准备的人，只有汗水和努力才能换来命运女神的垂青，唯有付出才能有所回报。

刘盛兰拾荒捐助那些贫困儿童，在他坚持捐助的 18 年里，他总计资助学生 10 万多元，资助了 100 多个学生。他凭借自己那双布满皱纹的手拾起孩子们的梦想，用自己微薄的收入支撑孩子们飞翔。从他开始拾荒起，他几乎未尝肉味，没添过一件新衣，走过古稀，走过耄耋，老人用无声的行动感动着我们。18 年的资助，他从未想过自己会资助那么多学生，尽管日子过得很艰苦，但他依旧没有放弃，他说，我已经老了，但那些孩子的日子才刚刚开始。刘盛兰老人用他的坚持，改变了 100 多个孩子的状况，同时也改变了自己，他本是默默无闻的一位老人，但他却用自己的行动感动了全中国人。即使是生命的最后，他也为这个社会作出了不朽贡献，实现了自身的价值。

如果你正在努力做某件事，却被前方的苦难拦住去路，不要害怕，不必感到沮丧。那些在远处看起来大得吓人的困难在你走近的时候会渐渐变小。只要你有足够的勇气与自信，随着你不断前进，道路会为你而展开。蜀道再难，也有人能登顶！高山再大，愚公也敢移动。坚定你的梦想，对自己保持信心,你就能减弱困难程度。成功贵在永恒的持久,只有长期的坚持,任何事情都抱持之以恒的态度,才能有所成就。纵观古今中外,多少名人,多少成功人士,无不是用奋斗改变自我,用坚持创造未来。没有谁的未来是注定的,改变就在当下,用我们的坚持,用我们的奋斗,创造一个属于自己的传奇人生。

当一个年轻人第一次离家,到社会上闯荡时,他对社会是充满希望的。可是当他满怀信心要做一件大事的时候,才发现事情并非想象中那样简单。最开始他并没有感觉到辛苦,每日都坚持着。可是越到后面,他越坚持不下去。他跟老板说:"老板,我下个月不干了。"老板问:"为什么选择不做了?不是干得好好的吗?"年轻人心高气傲,觉得自己的志向不在这里,老板听了并没有再挽留他。后来年轻人又去了一家公司,这一次他觉得他肯定能大展拳脚,于是他每天都很努力。可是随着时间的推移,他做了一年,又准备提出辞职。老板当时并不知道他的想法,特意告诉他,这个项目做完了,就给他升职。这位年轻人顿时懊恼不已,他终于认识到坚持的重要性,于是决心在公司里继续干下去。倘若他又早早放弃,他是不会有机会升职,更不会有机会改变自己现状的。

胡佩兰70岁从原郑州铁路中心医院退下来后,仍旧坚持出诊,并用她微薄的坐诊收入和退休金捐建了50多个"希望书屋"。即使是患有严重的腰椎间盘突出,进出都要坐小推椅,她仍旧坚持继续为病人服务。因为坚持,她挽救了多少健康的生命。她是一名医生,更是一名让世人尊敬的"天使"。坚持,是一种信念,是一种状态,永远是现在时。当你心中有所向往,那你便会坚持,你的未来因你的坚持而改变,你的价值因你的坚持而改变。我相信坚持不懈,碎石缝中也会长出充满生机的小草;我相

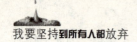

信坚持不懈，荆棘丛中也会开出美丽的花朵。只要你坚持下去，现在的处境将是你的起点，你的未来将充满可能。

香奈儿六岁时，她的母亲去世了，他的父亲因为家庭贫困，选择扔下他的四个孩子，逃避责任。面对无助的孩子，香奈儿的姨妈选择抚养他们。香奈儿从姨妈那里学会了针线活。18岁时，她和同龄的小姨到一家店里当助理裁缝师。当时的她并没有想到，有朝一日自己能成为时装界的翘楚。她的一生并不容易，失去父母，没有人照顾，但她都坚持下来了。没有坚持就没有成功。她赚钱开店，自己研发香水，原本只是默默无闻的女孩，从此变成了时尚界的奇迹，直到现在她创立的品牌仍旧十分受欢迎。

你要相信所有的苦都是值得的，都是在为你以后积蓄力量。有志者，事竟成，破釜沉舟，百二秦关终属楚；苦心人，天不负，卧薪尝胆，三千越甲可吞吴。蒲松龄写下这对自勉佳句，激励着自己写下宏伟巨著，感动了后世多少人。

松下幸之助的父亲松下政楠是一个不走运的梦想者。他从祖上继承下一份足以养活全家人的田产。他靠着梦想和胆量，干起了投机生意，结果在投机生意中连连失利，不仅未赚到一分钱，而且把祖上传下来的田地也搭上了。松下幸之助在极度贫困中度过了童年生活，但是他从未放弃对生活的希望。为人谦和，敢于吃苦，不怕困难，这让松下幸之助从学徒走到电灯厂工人，再到后来成立"松下电器具制作所"。松下幸之助带领制作所员工一同努力、创新，连续推出了先进的配线器具、炮弹形电池灯、电熨斗、无故障收音机、电子管、真空管等一个又一个成功的产品。

七年之后，松下幸之助成了日本收入最高的人。第二次世界大战来临，日本遭受严重的经济危机，百业凋敝，"巨人"松下前进的脚步被迫停止。

松下公司在战后的五年中，生产停滞，债台高筑，几乎到了破产的边缘。在这种情况下，他仍旧咬牙坚持，永不放弃。1950 年起，伴随着日本的战后重建，松下开始重整旗鼓，知耻而后勇，去了美国、荷兰多个国家考察，引进先进的技术，1956 年之后松下公司的经营进入了快速发展阶段。没有谁的成功是一帆风顺的，不惧困难，坚持自我，永不言败，才能笑到最后。

人生要经历诸多风浪才能到达成功的彼岸，而坚持就是乘风破浪的利器，是扬帆远航的法宝。坚持与放弃，不同的选择造成不同的人生。明天的生活取决于今天的选择。成功的人坚持不懈，失败的人轻言放弃，未来就在一念之间，你今日放弃的事，可能就是你以后失败的原因。你今日坚持的事，可能就是你以后成功的关键。请牢记，你的坚持决定着你的未来，你的未来始终掌握在自己手中，决定自己未来的人，从来都是自己。

二、坚持当真如此痛苦

经常听到身旁有人抱怨，"这么难，怎么继续啊？"或者是"好难啊，我干别的吧！"随着我们年龄的增长和岁月的流逝，我们都需要面临不同年龄段需要面临的事，上班、工作、恋爱、结婚。生活像个陀螺，总是转个不停，忙完这件事又有那件事，忙完这一阵还有下一阵，心急的朋友难免会抱怨：什么时候才是个头啊！没错，生活从未停歇过，它从不会等待某个人。那些抱怨的人们认为生活就是无休无止的折磨，根本没有尽头，根本就是一潭让人失望的死水。一件事办好或许简单，但是坚持办好一件事难。人们耗费精力和时间去办好一件事，短期内会充满激情，但长久下来却变得痛苦乏味。坚持需要坚韧的毅力和坚定的决心，倘若意志力不足，很容易半途而废。

那么坚持当真如此痛苦？其实不然。就如同你去爬山，若想登高而望远，必须经历山脚到山顶的攀爬，或许你在攀爬途中会觉得累，觉得艰辛，甚至放弃，但你最后都坚持下来了。对于意志不坚定的人，不经历不能回头的攀登，他们怎能一往无前！

坚持并不痛苦，痛苦的是我们和自己做抗争。当你登上高峰，到达终点，再回首来时的路，你并不会觉得很痛苦。你会为自己的成绩感到骄傲，你会为你走过的路感到自豪。运动员在训练初期也会对高强度练习不适应，他们也有坚持不下去的时候，也有想要放弃的时候，但他们并没有，反而是一次又一次地坚持下来。对他们而言，轻言放弃是致命的软肋，没有坚持不懈，运动场上便再也看不见他们矫健的身影。

1968 年，墨西哥城奥运会的马拉松比赛上，发生了一件感动所有人的事，引起社会很大反响。一名身披 36 号号码布的运动员在夜幕的映衬下，一瘸一拐地跑进了体育场，他就是约翰·史蒂芬·阿赫瓦里。事后有记者问他为何没有放弃比赛，约翰·史蒂芬·阿赫瓦里说："我的祖国把我从 7000 英里外送到这里，不是让我开始比赛，而是要我完成比赛。"因为这句话，那夜幕里的身影永远定格成奥运史上的经典一幕。约翰·史蒂芬·阿赫瓦里在距离起点 19 公里处，因为晕眩摔伤了右腿。但他没有想过放弃，尽管这时候他已然被部分选手甩在身后，但他没想放弃。简单包扎后，他拖着受伤的右腿费力地迈开了脚步，终于在晚上 19 时跌跌撞撞地跑进了主会场。此时，比赛已经结束了一个小时，偌大的体育场里，只剩下场地工作人员和最后一批即将散去的观众。短暂的沉默后，在场所有的观众和工作人员面向阿赫瓦里举起了双手，雷鸣般的掌声经久不息。阿赫瓦里最终以 4 小时 30 分跑完了全程。或许他并不是跑得最快的，但他毫无疑问是意志最坚定的。

　　我们自己从来都是我们前进路上最大的阻碍者，任何困难险阻都不是我们放弃的主要原因，最主要的原因是我们自己。一个人如果不愿意坚持去做一件事，那他肯定会在某一个时候选择放弃，任何借口都遮掩不了他内心的想法。我们面对抉择时通常会选择自己内心比较肯定的那一个选项，当我们选择放弃的时候，并不是因为我们真的坚持不下去，而是我们内心对坚持下去没有认同感。

　　1794年第二次反法同盟战争期间，拿破仑率领四万大军，为争取时间，拿破仑决定抄近道越过圣伯纳隘道进入意大利。不顾身边人的疑惑，他带领部队翻越了险峻的、被称为"天险"的阿尔卑斯山，出现在奥地利人面前，给奥地利干涉军队出其不意的打击，用一个月时间结束战争。后世认为拿破仑跨越阿尔卑斯的壮举，与公元前3世纪迦太基统帅汉尼拔大败罗马军队以及公元8世纪查理曼大帝征战意大利的战绩相媲美。拿破仑翻越阿尔卑斯山的举动将他人眼中的"不可能"变为"可能"。在拿破仑眼里，只要他们足够坚定，一切皆有可能。正是因为拿破仑坚定的意志，支撑着整个队伍做到了别人眼里不可能做到的事。

　　人生就是攀登，你发自内心地相信自己，那你就能成功，反之则只能在山脚仰望山顶的人。古人在作战前都要犒劳将士，为的是鼓舞士气。倘若两个军队准备开战时兵力悬殊，兵力较少的那一方阵营被谣言动了军心，那他们必败；反之，将士鼓舞士气，给予士兵绝对的信心，激起他们心底的勇气和热血，那他们很有可能会反败为胜。

　　马丁·路德·金说："可以接受有限的失望，但是一定不要放弃无限的希望。"坚持并不困难，相信自己，把希望变成现实。如果你现在的能力还不足以实现自己的理想，那么，请在接下来的日子里，努力让自己的理想成为现实吧！厄运和失败是现实生活中的一种客观存在，正如莱蒙托夫所说："没有痛苦还成什么人的生活？没有风暴还成什么海洋？厄运、失败并不可怕，可怕的是像很多平庸的人那样被吓倒，从心底里不相信自己。"

说起史玉柱，大家首先想到的是他发表的一些"惊人的言辞"，他绝对是当今中国商界最具争议和最具传奇色彩的人物。早年，史玉柱凭借巨人汉卡和脑黄金迅速飞腾，然后因巨人大厦而失败受挫。经过几年的蛰伏之后。史玉柱突然又崛起了。史玉柱的创业是极其艰苦的，他一没有资金，二没有靠山，唯一的家当是借来的4000元。唯一让他充满信心的，是读书期间呕心沥血开发出的一套软件——M6041桌面汉字处理系统，当时被人称为"汉卡"。没有钱买电脑，没有钱打广告，这些走投无路的日子，艰苦得让人绝望。13天的等待，奇迹终于出现了。这一天，史玉柱一共收到了三张订单，近2万元的汇款，不仅挽救了史玉柱的小企业，也昭示着未来"巨人"的正式起步。

坚持并不难，只要我们拥有足够的自信和毅力，将我们的执念深深地播撒在心间，坚持并不是不可企及。坚持是一种精神，是一种对人生和事业的态度。坚持就是奋斗不止，就是在逆境中不怕风雨、敢于与命运抗争。敢于坚持的人，是不甘于在平庸中虚度岁月，是敢于摆脱落后和愚昧的勇士。拿破仑说，人生之光荣，不在永不失败，而在能屡倒屡起。亲爱的朋友，坚持并没有想象中那么艰难，难道不是么？强者之所以强大，成功者之所以成功，都是因为他们经受住了挫折和失败，他们在千百次的挫折中变得更强大，而不是被困难打倒。我们的信念很重要，对自己能力的信任和对困难的正确认知，都是我们坚持下去的原动力！有些人天资颇高却成就平

凡，有些人虽然平凡却最终做成了一番事业，这就是坚持与不坚持的差别。

蒸汽机的发明者瓦特，从小就是一个非常内向、好静的孩子，他喜欢思考和研究，只要是他感兴趣的事，他都会一探究竟。中学毕业后，他每周在车间里工作五天，每天从清晨干到晚上九点，经过长久的坚持，他在一年的时间里就掌握了别的学徒需要三至四年才能学会的东西。瓦特的成功是因为他的坚持和勤奋，他知道只要向梦想努力冲，再苦再难也不放松，坚持到底就会成功。

1987年，冯军考入清华大学土木系建筑结构专业。1992年，冯军毕业后被分配到一家建筑工程总公司。原本以为自己能够有一个理想工作的他，在那个单位待了半个小时，就听说自己将被派往马来西亚。他不想去马来西亚，感觉自己的人生并没有想象中那么光鲜，于是他离开了那家公司。那时候的他决心自己创业，于是他去了中关村。从校园出来就练摊的冯军一开始就给自己的公司注册了一个商标"华旗"，取"中华的旗帜"之意，而当时他的公司只有他和一个搬运工。那时候从单位出来的冯军，全身上下只有200多块钱。他跑到中关村，因为有个同学在中关村干得很好。他和那个同学商量，在6平方米柜台里摆一张桌子，占1/3的面积，付1/2的租金。那个同学欣然同意，于是冯军从此就开始了推销键盘、机箱的个体小生意。从最初的"身无分文"，到将品牌做大做强，创业的路上没有钱就自己动手，没有人就自己上阵。你问他辛苦吗？他可以笑着告诉你，不辛苦。为自己的理想去奋斗，为自己的梦想去坚持，一点都不辛苦。

亲爱的朋友，不要让年轻的梦因为时间的流逝变得黯淡无光，坚持并不是一件难事，只要我们愿意。计划不成功，在放弃之前，我们再试一次，或许我们就成功了。坚持并不难，做事有始有终并不难。亲爱的朋友，不要害怕，不要忧虑，攀登的路上总会遇到各种困难，这不是让我们停下脚步的原因，而是我们变强的过程。没有磨砺，怎能成功？勇敢地面对前方的路，哪怕前方满是荆棘。相信自己，梦想的盔甲会让我们无所畏惧，带着坚韧的信念，披荆斩棘，走向未来。人生是一趟旅行，很多事放弃了便再也抓不住。人生何其短暂，请珍惜有限岁月，活出自己，活出价值。

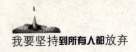

三、柳暗花明又一村

　　著名思想家艾丽丝·亚当斯曾经说过："世上没有所谓的失败，除非你不再尝试。"许多时候，当我们感到不能战胜眼前的挫折和失败时，我们不妨对自己说："为什么不再试一次呢？"坚持是成功不可跨越的一道坎，有人说成功是逼出来的，部分意义上来说是对的。成功是一个战胜自我的过程，坚持是制胜法宝。今日你失败了，跌倒了，并不代表你以后也会失败。山重水复疑无路，柳暗花明又一村。是呀，因为得罪了权贵而被罢免官职的陆游，空有一腔热血却不得重用，一心想为国家效力，却赋闲家中。幸得他踏出自己的设限，出门畅游。翻山越岭，最后他走到一个地方，发现这里似乎已经到了尽头。他没有选择放弃，反而是拐了一个弯，却意外发现另一番景象，不禁眼前一亮，他惊喜地发现前面的山谷中别有洞天，景色优美。

　　坚持需要方法，坚持不是蛮干，也不是盲目地使劲往前冲。再试一次，并不是让你重复做一件事，而是要求我们从失败中获得经验，从失败中汲取教训，而不是一味地重复。要知道任何事都是需要技巧的，坚持做一件事的前提是，你要懂得改进方法，完善自我。我们知道很多人耗费许多精力去寻求进步，却总是得不到应有的回报。这种情况很常见，有的人一生都只能默默地待在自己的岗位上，一直得不到提升；有些人一辈子碌碌无为，什么都不擅长。这是为什么？因为他们不懂得从以往的经历中汲取经验和教训，盲目做事。他们确实很努力，耗费了自己的时间和精力，却一直没有进步。坚持需要方法，并不是让我们投机取巧，而是让我们学会换个角度思考问题。前面崇山峻岭，我们可以绕行；前面波涛汹涌，我们可以架桥。不要认为"山重水复"就会"无路"，换种方法解决问题，那么你将会看见"柳暗花明又一村"。

　　作家毕淑敏年轻时，参军进了西藏，成为当时少有的几名女战士，而当地艰苦恶劣的环境与气候条件是她之前从未想过的。严重的粮食短缺与恶劣的高寒气候是对人生极限的挑战，不仅如此，她每天都要背着几十斤重的东西和战友一起跋山涉水。她曾经多次想过要放弃，她无数次怀疑自己是否就要如此度过一生，她真的快要坚持不下去了。最终经过反复的思想斗争，她还是选择坚持下去，她靠着自己坚忍不拔的意志与坚定的信念走过了最困难无助的日子。困难过去了，等待她的是一片自由的写作天空，这难道不是柳暗花明又一村吗？眼前看似已经没有出路，但只要再坚持一下，你可能就会看到属于你自己的一片天空——一片更加美丽的天空。

　　史玉柱卖汉卡，卖脑白金，赚了人生第一桶金的他，带领100多名员工落户珠海，成立巨人集团，资产规模很快接近3个亿。可是史玉柱膨胀了，

要搞房地产，1993年开建巨人大厦，一开始规划19层，后来翻了一倍到38层，最后又加高到78层，需要预算12亿元。巨人大厦建了三层便终止了，那一年史玉柱亏了2.5亿元，成为当时的中国"首负"。1997年，巨人集团已名存实亡，但一直未申请破产。一般人可能再也翻不了身了，但是史玉柱坚持下来了，也等来了他巨大的成功。这一次，他还是选了保健品市场。2000年，他开始卖脑白金。脑白金开启了脑残式广告轰炸的营销策略，风靡大江南北，史玉柱翻身了！史玉柱坚持在困难面前不低头，迎难而上解决问题，最终笑到了最后。

当我们被眼前的困难、挫折、坎坷拦住去路的时候，很多人心底总会生出放弃的念头，而忽略了"山穷水复疑无路，柳暗花明又一村"的可能性。只要我们相信自己，坚持努力，解决的办法总会有，未来的路也总会有。兔子不停地奔跑也会跑出自己的生机，鸟儿不停地飞也终会飞向天空。世界上很多事情都没有我们想象的那么糟糕，只要我们永不放弃，永远抱着一颗充满希望的心去追逐光亮，你要相信，总有一刻会看到阳光，总有一天会抵达成功彼岸。

《当幸福来敲门》里的主人公克里斯·加德纳，一个生活在旧金山的黑人，他靠推销维持着一家人的简单生活。他没想过他会失业，直到有一天，公司裁员他真的失业了，这时的他面临着前所未有的打击。一直忍耐着的妻子终于爆发，选择离开，只剩他这个人近中年的男人带着儿子生活。他没有工作，没有经济来源，没过多久，便被房东赶出家门。在接下的两三年中，这对苦命父子都没能有过正常的生活，父子俩日子虽苦，但还是能快乐生活。他相信总有一天，他能带给他儿子好的生活。最终，他给自己和儿子带来了更好的生活，对他来说，坚持改变了他的生活，是坚持成就了他自己。

倘若没有霍华德·卡特的坚持不懈，图坦·卡蒙法老王墓的宝藏就不会被找到。当大家都认为不可能的时候，是他坚持再多找一天，正是因为这短暂的一天，轰动了世界，改变了霍华德·卡特的人生，他成功了。卡特在自传中这样写道："我们已经挖掘了整整六季了，春去秋来毫无所获。我们几乎已经认定自己被打败了，正准备离开山谷到别的地方去碰碰运气。然而，要不是我们最后的一锤努力，我们或许永远也不会发现这座超出我们梦想所及的宝藏。最终，我们还是成功了。"

再坚持一下，或许我们离成功就只有一步之遥。重重山岭，条条江河，看似横跨不过的阻碍，未必真的不能找到前方的路。在美国的亚拉巴马州恩特曾颖镇的公共广场上矗立着一座高大的纪念碑，在碑身上刻有一行金色的大字：深深感谢象鼻虫在繁荣经济方面所做的贡献。象鼻虫？没错，你没有看错。政府感激的正是它，一种北美洲地区棉花田里的害虫。害虫？那为什么亚拉巴马人要为害虫立纪念碑呢？这要从一场灾难说起。1910年，一场特大象鼻虫灾害狂潮席卷了亚拉巴马州的棉花田，棉花被虫子一夜之间毁掉。没有对付害虫的办法，农民们苦不堪言。人们意识到如果仅仅种棉花，那么他们将会因为象鼻虫而落魄。于是，农民们开始在棉花田里套种玉米、大豆、烟叶等农作物。几年后，当地农民发现，种植多种农作物的经济效益比单纯种植棉花要高四倍。这大大出乎棉农们的预料。于是大家纷纷引进新作物，全州从此走上繁荣之路。

1984年，柳传志带领着十名计算机科研人员，在北京创业。那时的他们看到了PC必定会改变人们的广阔前景，于是他们下定决心要创出一番事业。他们怀揣梦想，于是给刚成立的公司取名为"联想"。四十岁的柳传志怎么也没想到，做了十三年磁记录电路研究工作的他，还能迎来自己的春天。柳传志在创业初期曾遇到过很多困难，当时的他面临怎么去抉择一个企业的发展，他思考了很久。有一天他看到火车站有个卖馅饼的老太太，卖的馅饼都是外表看着油、内里肉馅少的馅饼。因为老太太卖的是一次客，所以坑一个算一个。柳传志突然觉得，一个企业要想发展好，必须有一个高的立意。于是柳传志决定，严把质量关卡，从自身做起，只有自己口碑起来了，发展便是顺理成章的事。就是他这样的一个决定，改变了联想未来的走向，二十年后这个年轻的公司转身变为全球最大 PC 生产厂家，变为销量第一的电脑生产商。

现实生活中，我们也同样会遇到像象鼻虫一样的"苦难"，它们强大到我们都认为难以克服，但如果我们碰到这些困难就"缴械投降"，那么我们永远都不可能成为强者，我们永远也不能成功。当我们在生活中遇到那些看似没有解决办法的问题时，千万不要轻易放弃。没有出路或许就是一条出路，危机或许就是转机，困难或许就是希望。感谢那些曾经折磨自己的挫折和困难，是它们给你带来新生。

从前有个很有理想抱负的书生，将考上状元当作人生第一目标，为此他一直很努力。可是很不幸，那年科举考试他落榜了。为何会落榜？他百思不得其解，心中无比愁闷，自那以后，他一蹶不振，每日浑浑噩噩不知该做些什么好。一天，他来到河边，想投河自尽。但他会游泳，担心淹不死。于是，他一个劲地把河边的鹅卵石往荷包里装，手上还抱着一块大石头。石块沉沉，他走路都趔趄起来，但他的决心太大，还嫌不够分量，又弯下腰捡了一块石头。突然，他被脚边那颗鹅卵石吸引住了，鹅卵石的天然花纹简直是一幅美妙绝伦的图画，他忍不住把鹅卵石又倒过来看看，倒过来又是另一幅图画。真是太美了，书生放下手中的石块，捡起那颗鹅卵石，细细地观赏起来。那静止的一刹那他突然忘记了生死，他想起他曾经画过的画，他突然想到自己许久未动的笔墨……思绪一来，他立马就忍不住了，他不想死了。他揣着一身的石块回了家，他想开始作画，他的人生并不会就此结束。从那以后他专心作画，终成名家。

懦弱者不是天生就爬不起来，只要你鼓起勇气来，擦干你脸庞的泪水，就会看到晨曦中最美丽的花朵。英国浪漫主义诗人雪莱有这样一句话："冬天来了，春天还会远吗？"面对困难，如果你能心平气和、认认真真地走好你脚下的路，你就不会感到成功是那么遥不可及。

1865 年，英国化学家纽兰兹把当时已知的元素按原子量大小的顺序进行排列，他经过仔细研究，发现无论从哪一个元素算起，每到第八个元素就和第一个元素的性质相近。这让他联想到了音乐，他认为这很像音乐上的八度音循环。但他并未深入探讨，反而只是凭借自己的主观感觉"随意"命名，后来他干脆把元素的这种周期性叫作"八音律"。为了让他的想法更具合理性，他还根据自己的猜测画出了标有元素关系的"八音律"表。因为当时条件的限制和他思维的限制，他只是机械地按当时的原子量大小将元素排列起来，所以他没能揭示出元素之间的内在规律。

门捷列夫就更加坚定了，他相信其中必然有某种联系，于是接下来的日子，他开启了艰苦的探索旅程。他每天手拿元素卡片像玩纸牌那样，收起、摆开、再收起、再摆开。他日复一日重复着，有一天，他又坐到桌前摆弄起"纸牌"来了，摆着，摆着，他脑中突然闪过一丝信息，他看着眼前的"元素牌"，突然发现了一些规律。这是他之前从未发现的现象，他发现每一行元素的性质都是按照原子量的增大而从上到下逐渐变化着。越想越

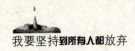

兴奋的门捷列夫开始深入研究，直至 1869 年，门捷列夫凭借自己的努力，最后发现了元素周期规律，并以此制定了元素周期表。

很多事情不是因为看到希望而坚持，而是因为坚持才看到希望。史泰龙遭受 1000 多次拒绝，经历了三年磨难，终于在荧屏上一展身手，这份坚持是来之不易的。在竞争激烈的环境下，史泰龙没有文化，没有资本，没有经验，在别人眼里他是不可能成功的，但他敢做敢拼，硬是凭着自己的坚持走出一条成功之路。或许别人在他奋斗的路途上看不到任何希望，但他却坚持奋斗，闯出了希望。生活是勇者的天堂，是坚持者的乐园，看似没有希望的前方，或许正是我们期待已久的机会。坚持！或许你现在正在彷徨，或许你现在还在犹豫，让我们用坚定的心拨开前方的云雾，让坚持带领着我们继续前行，或许你再坚持一下，你所渴望的彼岸就在眼前。

四、抓住生活中的机会

人生是否精彩在于是否抓住生活中的各种机会，机会是我们打开成功之门的敲门砖，抓住了人生的机会，就是抓住了成功和幸福。机会稍纵即逝，及时抓住机会，是我们成功的又一必要因素。"牛仔大王"李维斯的发迹史就是这样一段传奇：当年他像许多人一样，带着梦想前往西部追赶淘金热潮。一日，他突然发现有一条大河挡住了他西去的路。苦等数日，被阻隔的行人越来越多，但都无法过河。于是陆续有人向上游、下游绕道而行，也有人打道回府，更多的则是怨声一片。而他却看到了商机，如此多的人没有办法过河，那是不是很需要有人送他们过去呢？他的心里燃起希望，他决定租一条摆渡船，每上来一个人就收取一点费用。不出意料，没有人吝啬那一点小钱，都坐他的渡船过河，于是，他赚到了人生的第一桶金。

但是这样的好事并不能一直延续，摆渡生意开始清淡。他决定放弃，

并继续前往西部淘金。来到西部，他也学着别人开始淘金，可是淘金并非易事，没有经验的他没有什么收获。这样的境地又让他看到了另一条出路。西部不缺黄金，但自己有心无力。西部缺少淡水，可似乎没什么人能想到它，于是他又做起了卖水的生意。其他人眼看他生意火爆，于是越来越多的人参与了他的新行业。生意又开始惨淡起来，这样下去生意并不能维持很久。有一天他发现来西部淘金的人穿着都十分破旧，不是因为大家没钱买，而是因为衣服极易磨破，而帐篷的面料却很是坚韧。于是他把那些废弃的帐篷收集起来，洗干净后缝成了世界上第一条牛仔裤！

　　成功的大门是向每个人都敞开着的，每个人都能创造机会，创造奇迹，都有改变命运获得成功的机会。但要想获得成功，就必须善于发现、创造机会，更要学会抓住机会，并且把一切梦想、希望和机会都付诸实践，理想才能变成现实。日本从前有个叫腾庵的人，早年开过酿酒作坊。有一次，腾庵手下的一个伙计因为对腾庵不满，在离开酒坊前故意抓了一把灰丢进酒桶里，想让酒变脏，从而卖不出去。腾庵发现了这件事，心里很是气愤，酒坊的酒都脏了，他的店铺会受到很大损失。他沮丧地坐在大酒桶旁发呆，奇怪的是，过了一阵，他发现被撒了灰的酒渐渐变得清澈！要知道那时候日本的酒是浑浊的，并没有见过清澈的酒。敏锐的他立马发觉了这事的不同寻常，于是他请人化验分析。分析结果表明，正是掺进去的灰使酒里的杂质沉淀了。从此，腾庵就用这种方法生产出当时别的酒坊还制造不出来的清酒，大受顾客的欢迎。

　　每一个成功者的背后，都有一条独特的顽强拼搏的轨迹。如果总是在抱怨中等待，那机会永远也不会降临到你身上。善于发现机遇，善于抓住机遇，这是我们成功的第一步。我们抓住机遇的同时也要拼搏进取，否则即便碰上了机遇，也会失之交臂。楚霸王项羽没有抓住机会，在鸿门宴上没有除掉刘邦，这件事是他日后大败的转折点。而刘邦却紧抓机会，生死之间重新谋得活路，这也是他日后称霸的转折点。抓住机会，你所忽视的机会或许就是你人生的转折点，就是你改变一生的重要时刻。人生的机遇会以多种方式降临到我们身边，要捕捉它，就得在平时练就一双慧眼，养成寻找机遇的习惯，这是我们发展自我的必要条件。

拿破仑在崭露头角前只是一个小小的尉级炮兵军官。1793 年，他被派往前线。土城久攻不下，正在这个危急关头，拿破仑立刻抓住这个机会，直接向特派员萨利切蒂提出了新的作战方案。此时大家都苦无良策，面对拿破仑的方案都表示愿意尝试，于是拿破仑被立即任命为攻城炮兵副指挥，并提升为少校。拿破仑抓住这个机遇，在前线精心谋划，并且鼓舞士兵勇敢战斗，他的举动充分显示出他的胆识和才智。最后在拿破仑的计策下，土伦终于被攻克了。他因此荣立战功，并被破格提升为少将旅长，终于一举成名。

汉宣帝继位之初，想下诏把祭祀汉武帝的"庙乐"升格，光禄大夫夏侯胜当朝提出反对，不料遭到弹劾，而丞相长史黄霸也以"不举劾"的罪名被报给了皇帝。于是这两个人被一起逮捕下狱，被判处死罪。夏侯胜入狱后郁郁寡欢，尽管他满腹经纶，但却受到如此大辱，素来性情耿直的他不免心灰意冷。黄霸生性乐观，他早就仰慕夏侯胜是个大儒，奈何并没有多少往来，如今和他仰慕的人关在一起，也算是种缘分。于是黄霸便将求教之意告诉了夏侯胜。夏侯胜苦笑，说："咱们都犯了死罪，不知道哪一天就要被处死，现在读经有什么用？"黄霸说："孔子有言'朝闻道，夕死可矣'，我们即便是明日便要离开人世，那也是无憾的。"夏侯胜听了

191

精神为之一振，内心大为感动，当即答应了黄霸的请求。从此俩人席地而坐，抓紧时间日夜讲学，有时研读到精妙处，还抚掌大笑。监狱的人见状，迷惑不已。后来汉宣帝听闻这个消息后，心中虽有不满，但也感叹俩人之贤，不忍杀之，以至此案久拖不决。两年后的一天，汉宣帝大赦天下，夏侯胜和黄霸得以出狱，不过他们并没有被逐回老家，而是又直接被宣进朝廷。夏侯胜被任命为谏大夫，留在皇帝身边，黄霸为扬州刺史，外放做官。后来夏侯胜以正直博学做了太子的老师，受到天下人的尊敬。黄霸以精明干练、政绩卓著名扬天下，后来官至丞相。

看似可怕的牢狱之灾却被夏侯胜和黄霸轻松化解，二人求学不倦的精神让皇帝感动不已，这也是他们后来成就一番伟业的转折点。"塞翁失马，焉知非福。"所以我们不要害怕苦难，每一个苦难的背后或许就是上天留给我们的巨大机会。

在日本的企业家中，松下幸之助无疑建立起了一座丰碑。他不但创立了一个神话般的企业，而且提出了一套具有普遍意义的经营哲学。1916 年他以 100 日元起家，创办了自己的小工厂。他看准机遇，经过数十年的苦心经营，松下工厂迅速发展壮大，到 1935 年已成为日本电器制造业的巨人。第二次世界大战后，他又看到了世界经济发展的前景，抓住其中的机遇，努力使松下公司成为巨型跨国公司。

陈胜、吴广抓住机会英勇起义，成功推翻了暴秦。公元前 210 年，秦始皇病死，宦官赵高伪造秦始皇遗诏，篡夺大权，对人民进行更加残酷的压迫和剥削。公元前 209 年 7 月，陈胜、吴广等 900 名贫苦农民一起被征发去戍守渔阳，因路上遇大雨，无法按期到达。但是按暴秦的法律，误期将被处死。陈胜很了解自己的处境，也看到全国人民对暴秦的憎恨，于是决定抓住这个时机动员戍边卒杀掉押送他们的秦朝军官。他们一群人揭竿为旗，以木棍、锄头为武器，率领这支900人的农民武装反抗暴秦。起义后，马上得到广大人民群众的支持，起义的浪潮席卷全国。广大农民自带干粮，纷纷参加起义军，起义军迅速扩大，势如破竹，终于推翻了暴秦的统治。

有些人总抱怨上天不公，说他们从未遇见过改变自己的机遇，幸运女神从来没有眷顾过自己。其实不然，上天对每个人都是公平的，我们身边充满着各种各样的机遇，上天给过你机会，只是你没有把握住。工作中每一次学习的机会，都是你提升自己的机会；校园里每一次动手实践，都是你发现自我的机会。上天给我们出的每一道难题，都有他的用意，你为之困惑，便是机遇所在。将每一次挫折都当成一次学习，难道这不是你提高自我的机会？将每一次痛苦都当成一种修行，难道这不是你磨砺自己的机会？机会不等人，当机会在敲门的时候，如果你没有及时抓住它，机会就会离你而去。机会或大或小，但都有他的意义，即使跌倒，也会让你懂得一定的道理，丰富人生阅历。抓住生活中的每一个机会，你会变成更好的自己。

有些机会不一定要等上天给，而是要你去创造。机会偏爱有准备的人，我们羡慕别人的运气好，羡慕命运对别人的青睐，羡慕别人的成功，却没有看到成功和辉煌背后所付出的千辛万苦。所以我们想要成功，就得抓住机遇，就得从现在开始做好准备，当机遇降临时，我们才能全力应对，跟随它的脚步，走向属于我们的未来。

有个年轻人去城里探亲，走在街上发现到处都可以看见招募会计的广告。他很疑惑，经过打听才知道，原来这座城市现在大兴招商，一时间公司和商场纷纷在城里建起。这位曾经做过这类工作的年轻人，看见四处张

贴的广告，心里也动起了来城里工作的念头。可是看了一会儿招聘信息，他不禁困惑地想：会计的需求量这么大，哪一家公司福利比较好？比较稳定？他烦闷了半日，愁闷地走开了。回到家的他一直觉得这里面有很大的机遇，苦思冥想之后，他忽然跳了起来，开心地敲了一下自己的脑袋，惊醒似的说："我何必去应征会计呢？"

　　年轻人理清了思路便立即告别亲戚，启程回家。回到家乡后，他筹措了一些资金，接着又回到城里租了一间店面。第二天，他在门口张贴了一张广告纸，上面写着"资深会计培训所"。没几日，店里挤满了人，年轻人乐开了花。旁人都疑惑为何会这样呢？那是因为许多想应征会计的人没有这方面的技能，多数都无法被录用，因此当他们听说有这么一间训练所后，纷纷上门求教，并当场交了学费，立即上课。后来这位善于发现机会的年轻人也因此混得风生水起。

　　许多成功者不一定要等待机会，因为他可以为自己创造机会。与其静静等待机会的降临，不如主动为自己创造机会。机会是留给有准备的人，擅长发现机遇，并能充分发挥自己才能的人，更容易创造出新的天地。停下你的彷徨，抓住身边的机会，并把握好它，你的人生或许就此开启新的篇章。

第八章 Chapter8

持之以恒地去成就辉煌

一、当你拥有俯视他人的能力

哲人说，爬上了山顶并非是我们的终点，而是我们的起点，我们的征途才刚刚开始。如今是一个瞬息万变的年代，任何已有的成果并不能成为你一生的终点。世界在变，我们也要变。所谓"迂腐"就是不愿意去改变，甚至害怕改变。公司改革也是如此，公司内部需要更先进的体系来维持，故步自封只会原地踏步，更有甚者直接被市场淘汰。亲爱的朋友，当你已经攀上一个高峰，切莫停下脚步，这或许才是你生命启程的地方。

毕加索 16 岁时就举办了个人画展，从此一举成名。很多人认为年少成名的他会安逸地开始享受生活，哪怕不用工作也行。但毕加索却没有，直到他离世，他无时无刻不在为自己心中的艺术奋斗，他一生画了 4500 多件作品，这些作品记录了他各种画风。他不会因为自己在某方面成绩了得就洋洋得意，反而是转身创造另一种新画风。他是 20 世纪艺术的领路人，

196

是一名伟大的画家，他的一生都在探索，他并不沉溺于已有的成绩，那些未知才是他心之所向。如今看来，毕加索的每一种画风都显得格外珍贵，不仅是因为画本身，更是因为毕加索坚持而又富有创造力的精神。

伟人之所以伟大，在于他们持之以恒的精神和永不停歇的脚步。很多人会因为自己获得了一些成就而狂妄自大，被外界的赞美和荣耀冲昏了头脑，从而不再想要进步，也忘记了如何进步。但伟人恰巧相反，他们并不看重荣誉和称赞，他们追求的是一直进步。生活中"三天打鱼，两天晒网"的例子很多，耐得住性子坚持下去的人却不多，一个阶段的成功并不代表你的人生就到了尽头。人生充满可能性，你不继续攀登，将永远看不到更广阔的天地。

壳牌石油我们大家都不陌生，它是目前世界上最大的一家石油公司。但我们可能不知道壳牌的前身是一家运输贸易有限公司，它的创始人马库斯·塞缪尔和他的弟弟为了纪念父亲创业的成就，决定用父亲最喜欢的贝壳来为公司命名。塞缪尔兄弟的父亲是一位英国商人，在伦敦港口经营一家外贸商店，盈利丰厚。父亲去世以后留给塞缪尔兄弟一份不菲的产业，两人非但没有安于现状，反而想要将事业做得更大。他们努力拓展业务，不顾航海的艰辛，亲自运送。正是因为他们这份无怨无悔的付出，才有他们如今辉煌的成就。

成功的花朵需要汗水和泪水去灌溉，坚持不懈的努力是所有伟大事业的基础。我们需要登上更高的山峰，才能看见更广阔的大地，永远向着阳光奔跑，终有一天我们会成就伟大的自己。当你拥有俯视他人的能力，你不应该将目光专注在你的脚下，你应该将你的目光放得更远。

从前有一对兄弟，因为经常帮助一位老人做田地里的活，老人心怀感

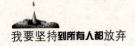

激，于是送了他们一人一只鸡，以此来答谢他们。两兄弟很是高兴，哥哥说："好久没吃鸡肉了呀，我回去就杀掉它炖汤。"弟弟却不赞同哥哥的话，他认为鸡吃掉了什么都没有了。于是他将鸡带回家，每日细心喂养，后来鸡开始下蛋，他又将鸡蛋卖了换钱。不久之后，弟弟又买了一只鸡，而哥哥却什么都没有。同样是拥有一只鸡，哥哥和弟弟做法截然不同，弟弟考虑深远，哥哥只顾眼前，这就导致后来弟弟和哥哥差距越来越大。短浅的目光看到的只是狭隘的世界，长远的目光会带我们找到别人看不到的风景。

想要实现梦想，达成目标，需要将目光放得长远，这是亘古不变的道理。一个没有长远目光的人，只会为了眼前的蝇头小利手忙脚乱。目光长远的人也不会因为当前的失败而沮丧，更容易坚持。学会将目光放在远处，我们所看到的景象决定着我们以后能攀登到的境界。雄鹰的目光在广阔的蓝天，河流的目光在无垠的大海。司马迁遭受宫刑，心中虽然悲痛万分，但他仍旧拾起手中的笔，写下恢弘史章。他将自己的眼光放在远处，而不是他残缺的身体，他用自己的毅力，带领着自己的灵魂攀上一个又一个巅峰。将目光放得长远，人生漫漫，不要给自己画一个圆圈禁锢自己，奋斗的一生没有止境，我们的未来还在脚下。

无论何时何地，我们都不能忘记居安思危，越是安稳，越是充满危机。一个企业倘若不居安思危，那么它很容易就被市场所淘汰；一个人如果不居安思危，那么他很容易被社会淘汰，被困难打倒。有人看着外面天空的艳阳，就忽略那云朵里蕴藏着的危机。我们最大的危机是我们没有危机意识。好比企业规划，有人看到企业发展的有利因素，却忽略了内在的风险和不足，这种没有长远目光的行为，只会让企业走下坡路。当你拥有一定的能力时，居安思危更为必要。一旦你认定自己已经达到了人生的巅峰，达到了生命的极限，你便从此不可能再有更大的成就。安于现状将使你永远做不成什么大事，永远无法取得卓越的成就，除非你愿意跨越现有的心理障碍，不再安于现状。

古人云："生于忧患，死于安乐。"美国黄石公园就曾发生过这样一件事，为了保护当地濒危的鹿，美国怀俄明州黄石公园决定捕杀公园范围内的狼。就这样黄石公园里的狼越来越少，公园的鹿越来越多。没有天敌的鹿在安逸的环境下大量繁殖，数量越来越多，原本濒危的物种突然变成危害环境的物种。不仅如此，没有天敌的鹿群已经不再奔跑，鹿群又产生了新的危机。1995 年，黄石公园迫于无奈，又引进了部分狼，这才遏制了鹿群的数量，当地生态环境也因此逐渐恢复正常。鹿群在安逸中产生新的生存危机，就好比我们在安逸环境中不思进取，精神的懈怠是失败的开始，贪图安逸终究会跌倒，唯有持之以恒，才是保持成功的秘诀。

安于现状是阻碍人进步的最大障碍，你会发现现实生活中总有一些极具天赋的人一生却只做一些平凡的事情。那是因为他们对自己现在的生活很满意，他们内心从未意识到自己应该改变。人只有不满足于自己的现状，才会产生前进的动力，想方设法改变自己。不满足能激励人们不断努力进取，从弱者变成强者，从失败走向成功，从贫穷走向富有。而安于现状会让你忽视危机的存在，让你失去追求卓越的动力，让你看不到更高的目标，停止前进的脚步，从而离成功越来越远。当你拥有俯视他人的能力时，切莫因为现有的成就而放弃继续进步，安于现状。人生是个不断攀登的过程，唯有不懈追求，才能看到更远的未来。

持续努力，让平凡变为非凡。梁振英出身贫寒，勤奋努力，最终成为香港人最为推崇的成功人士。他坚持不懈的精神，被称为"狮子山下的精

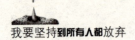

神"，从底层奋斗到精英，让人羡慕崇拜。但他成功后仍旧活跃在最前线，他认为他还能突破，或许这就是为何他如此成功的原因：永远在进步。在昨日努力的基础上再稍加改良，今日要比昨日有进步，即使只有一小步。这种从不懈怠、坚持到底的态度，终将会与他人拉开巨大的差距。决不走同一条路，是走向成功的秘诀。

郑裕彤说："做老板，不要成天埋头苦干。"从在一家金铺做打杂小弟开始学做事情，郑裕彤只用了两三年，就熟悉了店内店外的经营。在他的勤奋努力下，十七八岁的他就已代行老板的职责，20岁那年就前往香港成立了周大福分号，做起了真正的掌柜。或许在通常人眼中，郑裕彤当掌柜，并不尽责，反而显得有些"不务正业"。店里的员工说，他常常只在店里待四五个小时，就让伙计负责看店，自己跑到外面去了，直到关门打烊才会回来。但这却是郑裕彤做好掌柜的法宝。

"我不喜欢一直坐在店里，我喜欢到外面去了解生意。老板不仅要会管理员工，还要学会了解外面的世界，学习人家成功的经验。"他说。正是因为他这种爱到外面了解、学习的习惯，让郑裕彤看到很多别人看不到的机会。他说一个成功的人需要持续学习，因为你虽然表面已经做得很好了，但其实你还是需要进步、需要完善的。时代在进步，难道你不需要吗？

1955年，郑裕彤看到珠宝业很有前途，让周大福也开始经营珠宝。那时候香港市场竞争激烈，他看准商机，并且首创了这个后来成为黄金业行业标准的公司标准。他觉得自己经验管理模式不好，于是就去学习外资公司怎样搞管理。他看到钻石是个新生意，毅然经营起钻石业务。他一路看别人，学习别人，然后做好自己。他始终未曾停止过了解和学习，这就是他越来越成功的原因。

　　你是否想过，当你停下前进的脚步时，整个世界并没有和你一起停下，你周围的人也不会停下，他们仍在不停地追求进步。无论你此刻是成功还是失败，一旦安于现状，你便种下了失败的种子，最后只能品尝失败的苦果。在这个竞争激烈的时代，安于现状的人往往最先被淘汰。这就像登山，每登上一个山头后，就要看准一座更高的山后再次向上攀越。唯有这样，你的人生才看到更加壮观更为美丽的风景。

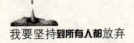

二、保持一颗年轻的心

　　无论我们如何追赶时间，似乎总是只能抓住它的尾巴。不经意间，时间带走我们的青春，带走我们的容颜。我们是从什么时候发现自己已不再年少，发现自己的第一根白发，发现脸上的皱纹？人的一生很短暂，当我们不再年轻，是否还记得当初那个青涩的自己？岁月快步走来，然后又悄然无息地离去。思想的作用是巨大的，当我们意识到自己已不再年轻的时候，我们的内心也会趋于平静。你会发现自己不再敢于尝试，那些充满干劲的日子似乎也越来越远。还有一些人，年纪轻轻却也不再拥有一颗年轻的心，他们在经历磨难和挫折之后，逐渐关闭自我，不想去追求，也不想去面对。人世间最可悲的莫过于此，你还未老，但你的心已经老了。

　　古雅典娜的梭伦曾说，永葆青春的秘诀就是，每天坚持学习一些新的东西。保持一颗年轻的心，无论何时何地，它会带给你激情与活力。成就

202

一件事很简单，但成就一个人很难。人的伟大不仅是因为他成就的事业，也是因为他成就了自身。我们可以做到坚持不懈地奋斗，可以做到坚持不懈地努力，但我们很难阻止心态变老。一颗老去的心，是一个人痛苦的根源所在。庸人无法理解为何迟暮英雄不肯解甲归田，庸人也无法理解年迈老翁为何心系苍生。迟暮英雄胸怀大志，渴望为国效忠，哪怕是以身殉国，他也毫不畏惧；年迈老翁忧国忧民，希望在生命的尽头为百姓谋取更多福利，哪怕是油尽灯枯，他也心甘情愿。

保持一颗年轻的心，对生活充满向往，对未来充满希望，即使在苦难中挣扎，我们也能看到希望。年轻的心是对未来的无所畏惧，是对梦想的永恒追求，是对实现自我价值的坚持不懈。一颗年轻的心，始终对未来拥有美好的愿景，而这份美好的愿景是我们成功不可缺少的动力。年轻的心意味着勇敢，意味着坚强，这种勇敢和坚强和年岁无关，只和我们的心有关。

1986年，她出生在江苏省太湖之滨的无锡市。在父亲眼中，她体质瘦弱，但极其坚强勇敢。她在念小学五年级时就见义勇为，考上大学后又单独一人去内蒙古大草原进行了一次生存体验。2009 年 7 月，她以优异的成绩毕业于阿拉伯语专业，并凭着一口流利的阿拉伯语闯进中央电视台，选择极具挑战性的阿拉伯频道工作，成为一名访谈节目主持人。但她并没有就此满足。2011 年 7 月初，本应准备去新疆采访的她，听说栏目组急需一名女记者前往利比亚，得到消息的她，立刻主动请缨。申请很快被批准，几天后，她已然当上利比亚的一名战地记者。当时利比亚战事连连，非常危险，但她丝毫不畏惧，在她眼里，记者的职责就是让大家知道事情的真相和发展情况。战火连天，她依然坚持着。2011 年 8 月 24 日，一个意外消息打破了所有人的宁静生活，在利比亚政府军阵营内报道的三十多名外国记者，

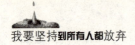

其中有五名是中国记者，而她是其中之一，头戴钢盔，身穿防弹衣，被困酒店内断水断电已长达六天之久，情况十分危急。那天晚上，经过多方努力，他们才被营救出来。在中国驻利比亚大使馆的车辆前来迎接时，人们看到茫茫夜色中，仍有很多荷枪实弹坚守阵地的武装狙击手的身影，让人感到不寒而栗。而她自始至终都没有害怕过，她就是冯韵娴，也是那次派往利比亚的五名战地记者中，最年轻的一位中国记者。

亲爱的朋友，在前进的道路上你是否也曾因为困难害怕过？你是否也曾因为苦难退缩过？正因为战争的残酷，所以冯韵娴才更坚定自己的决心，为了传送实时新闻，她将生死置之度外，她是敬业的，更是勇敢的。前方的路还长，我们要学会勇敢，勇敢面对别人的流言蜚语，勇敢面对他人的不理解，勇敢面对可能失败的事实。不要因为害怕而退缩，不要因为困难而放弃。你要明白所有的冒险都是值得的，没有尝试怎么知道你行不行，所以勇敢地去尝试吧！

保持一颗年轻的心，告别恐惧，失败并不可怕，可怕的是我们不敢尝试。去做一个生活中的勇士吧！罗斯福作为美国历史上最伟大的总统之一，是美国大众的英雄，同时也被成千上万的人讨厌。然而反对他的人也不得不承认，罗斯福在美国历史上留下了不可磨灭的影响。1921年，一场大病使39岁的罗斯福双腿失去了行走的能力，但他从不自怨自艾。哪怕知道自己已经不能像从前那样昂首阔步地行走，他也没有害怕过。这时他已经做了参议员，在政坛上炙手可热，遭此打击，很难有人像他一样沉着冷静。他还竭力让自己相信病能够好转，但实际情况却在不断恶化。苦难可以造就一个人，当然也可以压垮一个人。罗斯福乐观的态度使他又像从前那样生气勃勃了，他虽然卧床不起，但他相信这场病过去之后，他定能更加胜任他所要担当的角色，重新返回政治舞台。当其他人因缺乏勇气而唯唯诺诺时，他总是散发着自信和勇敢的气息。病痛并没能吓倒罗斯福，甚至没有成为罗斯福的负担，他毫不介意将自己的缺陷展露在别人面前，并说："我必须面对我的耻辱。"勇敢、坚强，是他给人的印象。1924年罗斯福又站在了大众面前，他要竞选总统。那天，他在儿子的协助下，撑着拐杖走上讲台，这时全场响起雷鸣般的掌声。就像茨威格所说，"勇气就像逆境当中绽放的光芒一样，它是一笔财富，拥有了勇气，就拥有了更改的机会。"

现实生活中，多少错误，多少遗憾，往往都是由于我们缺乏勇气所造成。未来的日子无法想象，所以不管结果怎样，请不要让生活消磨你的勇气，磨灭你的斗志。也许我们现在还在流泪，但我们还是要坚持走下去，直到尽头。岳飞精忠报国，文天祥英勇就义，贝多芬扼住命运的捉弄，这些勇气，都彪炳在史册上，也深深地烙在了我们心里。正如汪国真所说的，"既然目标是地平线，留给世界的只能是背影"。所以既然选择了远方，就要全力以赴，拥有不怕苦、不怕累的勇气，勇敢地向前走，追求自己想要的生活。一个人要成就自己的事业，不经历失败，不经历挫折，不花费工夫是不可能成功的。艰难困苦固然会留下难以忍受的痛楚，但也正是在这种痛楚下才孕育出了一个个生命的奇迹。

王传福，1995年创办比亚迪公司，短短几年时间，发展成为中国第一、全球第二的充电电池制造商。2003年他又进入汽车行业。像很多励志的成功人士一样，他出身贫寒，幼时吃过很多苦，他的成长道路充满艰辛，却也因此磨练了他的坚韧意志。他的那种韧劲，那种狂性，让一般的企业家都难以望其项背。

从比亚迪进入电池产业至今，最令竞争对手心痛的，也许是手机电池

的价格从上世纪 90 年代的 1000 多元，活活地被拉到十几元一块。匪夷所思的想象力的确能使"中国制造"制造出惊人的颠覆结果。比亚迪最擅长的，就是用非常简单、便宜的方法完成日本企业用高科技完成的任务。这与很多沉迷于"千万元引进高科技生产线"的中国企业明星们形成了鲜明对比。譬如，在传统的锂电池制造成本中，有一笔巨大的开支用于建造全封闭的无尘室，而且由于需要特定的温度和湿度，工人只能在里面两三个小时，就必须出来，人力成本也非常高。比亚迪发现，这个造价昂贵的无尘室其实是"大炮打蚊子"——真正需要无尘操作的对象只是那枚小小的电池而已。于是他想到了生物实验中常见的无尘操作箱，一个透明的密封箱体，两端有两个开口，装着柔软的橡胶手套，使用者将手伸到手套里面，就可以在箱体里面操作。这样，就可以随意把箱体里面设定成特定的温度、湿度，也不必担心里面的细菌外泄，而且非常便宜。仅仅用无尘操作箱替代无尘室一项，就大大降低了设备投入。类似的发明举不胜举。在比亚迪的电池工厂里，60% 的生产设备都是自主开发的。这使锂电池的生产成本降到了原先的 1/3，并且品质同样达到了诺基亚、摩托罗拉等大客户的标准。

　　他一直很感激当时的艰苦环境，没有环境的磨砺，他就没有现在的成就。在王传福 13 岁时，父亲因为长期的病痛折磨去世。家庭经济开始每况愈下，王传福的五个姐姐先后出嫁，妹妹被寄养，而哥哥王传方也退学开始工作、赚钱养家。生活的困难没有击败他，"天将降大任于斯人也，必先苦其心志"。深受打击的王传福，每日沉浸在学习中，以此忘掉痛苦和孤独。生活的苦难也让王传福养成了坚强、独立、强势的性格。这也为他后来的成功奠定了基础。

　　保持一颗年轻的心，让我们更加自信，更加坚强。因为不自信，尼克松在竞选期间指派手下潜入竞选对手总部的水门饭店，在对手的办公室里安装了窃听器。然而现实中大多数政治评论家都很看好他，并预测尼克松将以绝对优势获得胜利。然而，因为尼克松本人的不自信，他走不出过去几次失败的心理阴影。"窃听门"事发后，他又连连阻止调查，推卸责任，最终导致惨败。因为自信，小泽征尔在世界优秀指挥家大赛的决赛中夺魁，他勇敢而又自信地说出自己的想法，让一众评委和权威人士心服口服，并以此赢得了全场最热烈的掌声。一颗年轻的心是我们最为宝贵的财富，它是我们积极向上的孕育之所，它让我们保持美好的希望和信念，即使是遭遇挫折，也不会被打倒，也不会就此放弃。

张锐每天都要见很多投资人，但是很多时候，别人都不理解他，认为他是一个疯子。张锐每次都要花费很大的力气跟投资人普及基本的移动医疗常识以及行业趋势。他说，创业很辛苦，但是很值得。同事陈维广记得，产品刚上线那两年，没有多少人相信张锐，"大家都觉得他是疯子，他说的这个东西不靠谱，甚至有人说，有一天给政府抓牢里也有可能，因为这个是有一点政策风险的。"但是三年他一直都坚持着，从2011年11月上线到2014年11月3日，整整三年，春雨线上用户终于突破3000万大关。

当天，公司举办了庆功会，一向情绪克制的张锐站在桌子上，回顾他们过往三年的创业历程，突然开始落泪。他看着现在的成绩，多年的情绪一下爆发出来。他一直渴望着梦想实现，而现在已经实现。现在他们软件用户量，每天以十万级的数量平稳增长；每天平台上的医患沟通问题接近五万，超过中国最大线下医院的门诊量。

回顾初期的艰难，他也不得不承认里面充满艰辛。"我确实很焦虑。"他说，"每天吃不好睡不好，晚上睡前会担心资金链断了怎么办，早上又

207

打起精神鼓励自己说，自己的产品解决了那么多人的痛苦，这么有价值，一定会拿到钱，只是'缘分不到'。"他一直坚持着，现在看病难是多么严重而又急迫的事，他不能就这样放弃。每天的坚持终于换来他现在的成就，但他觉得自己做得还不够，因为矛盾并没有完全解决，还需要改进。

其实无论是创业还是工作，我们都会遇到困难。很多商贩都起早贪黑，只是我们并有亲眼看见。我还记得我见过的商贩，那时候天刚蒙蒙亮，只有五点钟，但是市场门口却挤满了人。大卡车拉着货物在原地等待，商贩们一个个爬上爬下，头上挂着汗水，脸上流着汗水。不管是男的还是女的，都在努力地搬运。这样的情形和那高楼大厦里的光鲜，形成鲜明对比。大家都在努力奋斗，虽然汗水将衣服都打湿了，但他们还是对生活充满希望，搬完货物的他们，一边擦着汗水一边笑着。

有人总是感伤往昔，后悔和懊恼一直在脑海中挥之不去。因为曾经遭遇过的坎坷，所以拒绝再去奋斗和努力，甘愿就此虚度光阴。这种人的心已然衰老，哪怕他年龄并不大，但他的心老了，对任何事都提不起兴趣，也不再有精力愿意耗费时间做一件事。一颗老去的心，就好比烂掉的树根，纵使有年轻的躯干，也只能走向衰亡。留住你的热情，保持一颗永远向上的心。它能抚平你的皱纹，愈合你心口的伤疤。愿你永远年轻！不被世俗打乱你的步伐，不被琐事扰乱你的思绪，不因挫折苍老你的心房。纵使岁月不待人，但只要心存希望，勇敢向上，你终将在时间的长河里留下璀璨的身影！

三、你的坚持与他人无关

　　每个人的人生都是一段独一无二的旅程，我们都在开辟一条属于自己的路。世界上没有完全相同的两片叶子，我们的人生路也都不相同，每个人都有一套属于自己的"生存法则"，别人的成功我们不能复制，只有选择适合自己的路，才是最佳选择。任凭时间流逝，我们都能在历史的长河中，发现伟人们不平凡的人生轨迹。他们选择了适合自己的人生路，而让生命焕发出绚丽的色彩，让历史永远铭记。还记得乌江边上的项羽吗？他并非唯一的霸王，并非唯一的英雄，在那个赢者为王、败者为寇的时代，他仍旧被后人铭记。或许大家替他可惜，替他不值，对他的优柔寡断感到"不耻"，可是他仍旧是我们眼中的"英雄"。悲情的西楚霸王，因为心中的执念，坚持不乘小船逃走，他不肯一人苟活于世，或许旁人并不懂他，但那又如何？他的辉煌从未消失，即使是历史长河也没能将他湮没。倘若项羽听从

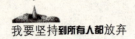

旁人意见逃走，也只会在心中留有下永久的遗憾，他也不再是那个"西楚霸王"。他是一个悲情的英雄，同时也是一个勇敢、真性情的人！

胜败乃兵家常事，人生也是悲喜交加，不管是英雄也好，贫民也罢，敢于走出自己的道路，活出自己的精彩，才是人一生所追求的目标。你的坚持从来都与旁人无关，你的未来从来也与旁人无关。让旁人左右你的思想，左右你的行为，那你就是懦弱。西方智者说："一个人赚得了整个世界，却丧失了自我，又有何益？"

邓亚萍从小立志做一名优秀的乒乓球运动员，但是她个子矮小，而且手脚短粗，去体校面试，被体校老师断然拒绝。体校老师对她说："你个子太矮了，没有任何打乒乓球的天赋，还是别练体育了。"有人甚至还嘲讽她。但是，年幼的邓亚萍并没有因别人的劝阻、讥讽而改变她的梦想，她开始每天锻炼，从基础开始练起。年复一年，她始终坚持着锻炼，终于，邓亚萍进入了国家队。正因为她不被他人的想法左右，她才没有放弃自己的梦想。几年后，邓亚萍夺取了世界冠军。她用自己辉煌的成绩证实了自己选择的道路是正确的，证实了自己的坚持是值得的。

丁仕源，艺名丁叮，出生于1990年，十二岁起学营销策划，十四岁便开始边上学边打工。或许你并不觉得他很成功，但他确实用自己的方式，走上了一条属于他自己的人生大道。同样，十九岁就决定辍学的蔡立文，他并没有在乎过别人的眼光。谈及为何辍学，他毫不避讳他人的眼光。每个人都有追求自己未来的权利，他的选择就是辍学。上海一家公司说，你来吧，做软件开发，一个月8000元。后来他又想回到校园学习计算机知识，可是不久之后，他又决定不去了。他的父母为此和他大吵一架。他后来自己开公司，说是公司，其实就是他一个人闯荡。别人都认为没有前途，可他却一直坚持，直到后来，公司上市。

苏轼用自己的潇洒书写出脍炙人口的诗篇，他不畏强权，不在乎别人对他的看法，坚持自我。居闹市而心不动，处低谷而不气馁，毅然回归田园，坚持自我。坚持是一条自信的道路，是走向成功的云梯；只有真正不被旁人干扰，才能迈起坚定的步伐。邓小平"三落三起"，依然能迈着坚定豪迈的步伐，正是因为他的坚毅和自信，才使我们看到了不一样的未来。

公牛它没有百年历史，却算得上是中国最具工匠精神的企业。2015年，公牛销售总额达56亿元，在一个技术不高的制造领域，以及一个行业体量不大的市场，它缔造了市场占有率全球第一的"公牛神话"。在做公牛插座前，阮立平已经在杭州机械研究所工作十一年，他发现市面上卖的插座质量太差，很多商家都反映货还没卖出去，就已经坏掉。他在帮亲戚销售插座的时候，总是会检查一遍再拿出去给客人，久而久之，他便懂得了里面的原理。技术出身的阮立平看到了这里面的商机，于是他不顾家人的反对，下海经商。他亲自设计插座，亲自把关生产环节，虽然前期投入大，但他还是咬牙挺了下来。阮立平说，大家都不理解是最让人沮丧的事，但好在都坚持下来了。

多少人因为在乎别人的看法，最终选择向现实妥协；多少人因为受不了他人的眼光，最终选择放弃。你的坚持从来都与他人无关，你坚持奋斗，即使是失败了，也虽败犹荣。伟人因为坚持而伟大，他们不会因为他人的想法和眼光而随意改变自己的初衷，他们始终全心全意坚持着，哪怕所有人都不看好，那又怎样？人生如若不拼搏，哪里能有春天？总是在乎他人的眼光，那你只会一事无成。

股神巴菲特说："成功的关键就是不受外界干扰的自省。"范仲淹幼时家境贫寒，为了减少开支，他上学期间，每天晚上用糙米煮好一盆稀饭，等第二天早晨凝成冻后，用刀划成四块，早上吃二块，晚上再吃二块。因为没有菜，他就切一些腌菜下饭。生活如此艰苦，但他毫无怨言，每当同学吃着香喷喷的饭菜时，他都默默地拿出自己准备的稀饭和咸菜，一点也不在乎其他人的眼光。之前欺负他的同学见到他每日都吃一样东西，心中有愧，于是第二日给他带来一些好吃的饭菜。范仲淹丝毫不介意别人知道他家境贫寒，也因此拒不接受他人的好意。那个同学颇为感动，对范仲淹越发钦佩。范仲淹每日专心读书学习，不因外界的干扰而动摇，始终坚持不懈地努力着，这也是为何他后来能有一番成就的原因。

1982 年 12 月 4 日的那个清晨，尼克的父母原本怀着满心欢喜迎接他们的儿子，却万万没想到会是个没有四肢的"怪物"，连在场的医生也震惊得无言以对。尼克说："我的父母毫无心理准备，医生给不出解释。这对任何一个家庭都是一个大悲剧。"尼克的父亲是当地一位牧师，那个清晨，整个教会都弥漫着忧伤，很显然，事实不可改变，尼克一出生就注定和其他孩子不同。尼克的父母没有放弃他，反而努力为他争取一切正当的权益，不惜和法律做斗争，只为让他正常上学。但是没有四肢，在学校念书的他饱受歧视，曾经有一天，他受到了 12 个人的嘲笑，他难受极了。每天上课的时候，他都会爬上桌，用他仅有的脚趾写写画画，突兀的画面，迎来的又是一些嘲笑和白眼。他说："我不需要手和脚，因为上帝背着我。"正是这样的信念，他开始学着"自力更生"，他不再因为他人异样的眼光感到沮丧，不再因为他的残缺而绝望。他学会了如何自己爬起来，如何接电话，如何游泳。

如今，尼克的生活完全能够自理，他可以独立行走，可以自己上下楼梯，可以下床洗脸，甚至可以操作电脑。尼克说："人生的遭遇难以控制，有些事情不是你的错，也不是你可以阻止的。你能选择的不是放弃，而是继续努力争取更好的生活。"坚持似乎对他很艰难，他也曾抑郁过，怀疑过自己的价值，怀疑过自己的人生，但他坚持下来了，努力地生活，充满希望地活着。如今的他，总是微笑着，也不再去在乎他人的眼光，他已然找到了人生的意义，并一直坚持着。

很多时候我们会听到有人说"得了吧，那是不可能的事"，或是说"嘿，你不适合做这事"。追逐梦想的路途上，或多或少都会有人来给我们"泼冷水"，不管是朋友，还是亲人。你知道做一件事不被人理解的那种苦闷吗？亲人朋友都认为你会失败，你的对手会嘲讽你、挖苦你，你的路途上似乎只有你孤身一人，没有追随者，也没有支持者，多么让人感到"恐惧"的情形！成功的路上注定孤独。想要成功，就必须经受住旁人的"考验"，我们的路还长，未来无法预料，唯有坚持才能守得云开。你不能因为他人的看法而改变自己的计划，你不能因为他人的嘲讽而选择退缩，你的人生由你负责，坚持与否，只与你自己有关。

著名的短跑名将刘易斯，小时候是个个头不高的小子，因为个子比同龄儿童要小，他常被人嘲笑为发育不全。家人从未想过他会从事运动事业，因为他看起来身体并不健壮，体育方面也并不出类拔萃。十五岁时，刘易斯突然急剧发育，不到两个月长高了三厘米，他欣喜若狂。不料幸福来临的同时，灾难也伴随而来。他逐渐发现他的膝关节比普通人大了近一倍，父母赶紧带他去检查。一位有经验的骨科大夫说，他患了一种顽症，搞不好要瘫痪。后来很久一段时间里，刘易斯一直被病痛折磨。但他并没有就这样被病魔打倒，他渐渐树立起战胜病痛的信心。后来在坚持接受治疗后，

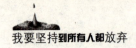

刘易斯奇迹般地恢复了，并开始练习田径。令人没有想到的是，刘易斯超强的耐力，让他非常擅长跑步，这也为他后来赢得众多奖项打下了坚实的基础。

命运对奥斯特洛夫斯基是残酷的，他的青春消逝在枪林弹雨中。十六岁时，他腹部与头部严重负伤，右眼失明；二十岁时，又因关节硬化而卧床不起。面对命运的严峻挑战，奥斯特洛夫斯基选择与命运进行了英勇的抗争。他用满腔热血读完了大学的全部课程，如饥似渴地阅读俄国与世界文学名著。之后他开始写小说，但却并未被杂志社采用。别人都认为他不行，都觉得他"痴人说梦"，可是他不这么认为，他坚定地为自己开启一段奋斗的旅程，哪怕失败他也要坚持到底。最后，在他坚持不懈的努力下，他成功了。

很多人认识不到自己的价值，极度自卑、怯懦。不管是害怕失败，还是害怕挑战，他们都不敢做那个"特立独行"的人。这也许和他们的性格有关，他们习惯在他人的眼里看到自己，这是一种极度不自信的表现。一个人要学会正视自己，人非圣贤，谁又是完美的呢？勇敢剔除你的自卑心理，不要因为别人而随意怀疑自己。与其向卑微看齐，不如勇敢地做自己。坚持自己的坚持，执着自己的执着，勇敢去走别人没走过的路，它定会让你重新发现自我。

四、你是守望星空的巨人

人生贵在坚持，也难在坚持。我见过许多投机取巧的人，无一例外他们虽然取得了短时间的胜利，但却不能长时间地取得成功。不得不承认客观环境很重要，但是起决定性作用的却是人本身。对于受挫失意，命运会赐予我们最妙的补偿，他为我们关闭了一扇门，必然为我们留有一扇窗。我们无须担忧路在何方，只需继续坚持，哪里跌倒，就从哪里爬起来，用稳健步伐去追寻自己的梦想，去实现自身的价值。生命的美妙之处，也正是在这个时候才像春天吐芽一般，一点一点地显露出来。如果因为一时的受挫就轻易地选择放弃，半途而废，到头来懊悔的只能是你自己；如果因为害怕一时的失败就轻易地丢掉勇气，就永远不会实现心中的梦想。人生的魅力，在于时时可以从痛苦的旋涡里启程，即使千帆过尽，只要心中的希望不灭，就不会被命运抛弃。

我们的每一个抉择都关乎我们的前途和命运，也就是说我们的未来其实是掌握在我们自己手中。看似微不足道的小决定，也会影响我们做大决定。一个九岁的小男孩，校长斥责他是个想入非非的"不务正业"的学生。他却满怀信心地立下誓言："我将来要周游世界，对世界上的未解之谜进行实地考察。"虽然世人都不看好他，但他依旧坚持着。终于有一天，他心怀这个梦想登上了海军勘察船。经过五年的环球旅行，和他严谨的探究，最终他提出了生物进化论的概念。他就是进化论的先驱达尔文。

心中有梦便去追逐，坚持不懈你便是"巨人"。明朝"开国文臣之首"宋濂，年幼时家境贫寒，没钱买书读，但他"手自笔录"，在"天大寒，砚冰坚"的情况下仍不忘抄书来读。他心怀梦想，开启艰辛的求师路，"负箧曳屣，行深山巨谷中"，直至"足肤皲裂而不知"也不曾停歇。人可以一无所有，但不能没有梦想，守候我们心中的梦想，做一个敢于追梦的"巨人"。历经沧桑但初心不改，历经磨难却毫不畏惧，这才是成功者应该具有的态度。普雅·雷蒙达，是一种分布在南美安第斯高原海拔 4000 米人迹罕至处的一种巨大草本植物。一百年只开一次花，花期两个月，花穗高达 10 米，缀一万多只花朵，绚丽异常，千万朵花齐绽放，花香四溢，惊骇世俗。但是花期一过，花体便慢慢枯萎、死亡。它的一生好比人的一生，坚持住了便会迎来美丽的绽放。

只要心中有梦，并为之努力，世界必定为我打开大门，开启多彩的未来。小仲马不愿借父之名兴起，一次次遭拒之后，以一部《茶花女》而闻名世界，他以他的坚持，赢得了所有人的称赞。东晋时期将领祖逖和好友刘琨，胸怀大志，为了报效国家，他们在半夜一听到鸡鸣，就披衣起床，拔剑练武，刻苦锻炼。寒来暑往一年又一年，从不间断，功夫不负有心人，他们最终变成能文能武的全才，实现了他们心中远大的抱负。

幸福的根源就是，不论我们在哪里，都有机会实现自己的理想，无论我们跌倒多少次，我们都能坚定地站起来，这也是你我永生的财富。李白说"天生我材必有用"，他相信自己终有一日会"扶摇直上九万里"，这种信念一直支撑他前行，即便是遇到困难，他也能洒脱地吟唱"我辈岂是蓬蒿人"，于是"仰天大笑出门去"。生活还在继续，我们要想成功，就必须坚持，就必须坚守住自己的信仰。要相信你不是随意来到这个世界上，你是有自己的使命，而非草芥。从今往后，记住要竭尽全力攀上群峰之巅，将内在潜能发挥到极致。

造物者创造我们之初，不会有意让谁成为成功者，让谁成为失败者，他要造就的就是我们自己本身。无论我们日后是成功还是失败，这都是我们自己创造的，并非是上天安排的。许多成功人士的经历都告诉我们，在他们还未崭露头角的时候，他们的内心就埋下了希望的种子；他们将心底的梦想转化为执着的信念；就是这种信念，赋予他们继续前行的动力，最终引领他们走向成功。

每个人的灵魂深处都藏着某种理想，这种理想会促使我们全力以赴；如果我们在任何处境都能竭尽全力，那么每次我们都能激发出新的力量。只要沿着正确的道路坚持不懈地奋斗，你就能成为你心中想要成为的那个人。威尔逊参加美国总统选举之前总是害怕自己没有能力处理好国家事务，可随着时间的推移，他发现自己不再为能力感到担忧，他开始相信只要坚持进步，那就是一种能力，所以他变得自信，用他宽阔的肩膀肩负起历史的重任。

逐梦，就像守望星空，既要坚持自己的理想，也要学会脚踏实地。既

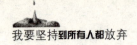

要勇敢追求，也要每一步都扎实牢固。学会吸取前人的经验，了解自己，这样才能更好培养一个更好的自己。生之光荣，不在永不失败，而在能屡仆屡起，跌倒后爬起来继续前行。现实生活中，人人都渴望成功，都想找到一条成功的捷径。其实，捷径就在你身边，那就是脚踏实地，坚持不懈。你是梦想的追随者，就要学会仰望它，并追赶它。守望星空不是天马行空，更不是原地等待，它需要我们奋勇向前；守望星空不是故步自封，更不是井蛙观天，它需要我们持之以恒。

1958 年，李嘉诚的长江工业公司在塑胶业异军突起，取得令人瞩目的业绩。李嘉诚也由此获得"塑胶花大王"的美称。很多人都认为他会一辈子经营着那家公司，他应该在这个行业一心一意闯下去。可李嘉诚却不是这样想的，生产塑胶花，只是他赚钱的手段，是他梦想的开始。

但李嘉诚也不是好高骛远之人，他总是脚踏实地，向既定的目标迈进。尽管他想涉足地产很久，但他不会鲁莽行事，他相信每一个重大举措的背后不是天堂就是地狱，每一次的决定他都要经过长时间的深思熟虑。1951 年香港人口才过 200 万，50 年代末逼近 300 万。李嘉诚看到了人口增多的巨大市场，他相信自己的眼光，同样也相信自己的实力，但他需要等待时机。1958 年，李嘉诚在繁盛的北角购地兴建一座 12 层的工业大厦。1960 年，他又在港岛东北角的柴湾兴建工业大厦，两座大厦的面积，共计 12 万平方英尺。他兴建收租物业，资金回笼虽然缓慢，但他看好地价楼价及租金飚升的总趋势。果然事实证明他的眼光是对的，时间愈往后移，他的效益越高。

由此可见，许多现实和成就都是由梦想开始，经过努力而达成的。李嘉诚进军地产业的壮举就是源自他心中的一个梦想，因为这个梦想的激励，李嘉诚进行踏踏实实的可行性研究，毅然挺进。事实证明他的做法是对的，梦想可以是基础，可以是动力，引导我们走向成功。心中有梦就去追，但也要记得脚踏实地才能稳步向前。

"书圣"王羲之自幼酷爱书法，几十年来锲而不舍地刻苦练习，终于使他的书法艺术达到了精妙绝伦的高峰。但他的成就不是轻松得来的。王羲之练习书法很刻苦，甚至连吃饭、走路都不放过，练习书法达到忘我的程度。平常如若身边没有纸笔，他就在身上划写，久而久之，衣服都被划破了。一次，他练字竟忘了吃饭，家人把饭送到书房，他竟不假思索地用馍馍蘸着墨吃起来，还觉得很有味。当家人发现时，已是满嘴墨黑了。试问没有王羲之的刻苦坚持，他又如何能登上艺术的高峰，创造自己的神话？王羲之的努力就在那一池墨色，王羲之的坚持就在那字里行间，我们后人只看到他精妙绝伦的书法，却难以体会他付出多少努力和汗水。

年复一年地坚持，日复一日地灌溉，成功的种子才能发芽。没有坚定的脚步，我们不能前进；没有坚实的基础，我们不会进步。五代十国时期吴越国的木匠喻皓技艺精巧，在年轻的时候大名远扬。吴越王钱镠叫工匠在杭州梵天寺修建一座七层木塔。工人们刚修了几层，塔身就不停地摇晃，像是要倾倒的样子。可是谁也没有解决的办法，就去请教喻皓。喻皓察看了一下，立刻就明白了是怎么回事。他对工匠说："修木塔要修一层，巩固一层，然后再修上面一层。这样一层一层地修，塔身就不会摇晃了。"工匠照喻皓说的话去做，果然克服了塔身摇晃的毛病。大家都十分惊叹他的技艺，后来他又被请去修建开封的开宝寺塔。当时要求这座塔的塔身呈八角形，高11级。喻皓尽管技艺精湛但也没有鲁莽行事，而是按照设计方案精心施工，根据施工中出现的实际情况，不断修改设计方案。在喻皓

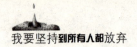

的不断努力下，这座塔历时八年终于修筑成功。

　　杰克·伦敦的成功也是建立在他的坚持之上。他坚持把好的字句抄在纸片上，插在镜子缝里，别在晒衣绳上，放在衣袋里，以便随时记诵。1905年，弗洛伦丝·查德威克成功地横渡了英吉利海峡，因此而闻名于世。两年后，她从卡德那岛出发游向加利福尼亚海滩，想再创一项前无古人的记录。但是却因为她没有继续坚持，心中有所退缩，而最终失败了。她的信心被眼前的困难吓跑了，她说："把我拖上去吧！"小艇上的人回答："咬咬牙，再坚持一下，只剩一英里远了。"可是她却不相信："你骗我，如果只剩一英里，我早就应该看到岸了，把我拖上去吧！"于是，浑身瑟瑟发抖的查德威克被拖上去了，小艇继续往前开。就在她裹紧毛毯喝一杯热汤的工夫，海岸却从迷雾中显现出来了，这时她才知道，艇上的人并没有骗她，她距成功确确实实只有一英里。可是懊悔却改变不了她失败的事实，假如再坚持一下，她便成功，可惜这一切都因为她的放弃而化作泡影。

　　所以要想成功，我们必须坚持。守望星空是我们逐梦的开始，脚踏实地的坚持则是我们让梦想成真的途径。我们可以羡慕先哲守望星空的情怀，也可以钦佩伟人们脚踏实地的行动，可是亲爱的朋友，只要继续坚持，我们也能做那星空下的巨人，我们也能成为自己心中的英雄。坚持到最后，你便是生命的传奇，哪怕没有旁人的掌声和鲜花，你依旧活成了你自己心中的模样。我相信，坚持到最后的你，独一无二，定会成功。请坚持下去，我的朋友，生活将会一直铭记你奋斗的身影，而你将是最具魅力的新星。